KB178673

김옥균

구스 겐타쿠 편저

윤상현 옮김

지식과교양

이 책은 2011년도 정부(교육과학기술부)의 재원으로 한국연구재단의 지원을 받아 출판되었음(NRF-2011-358-A00083).

역사를 비추다(照汗靑) 도야마 미쓰루(頭山満)

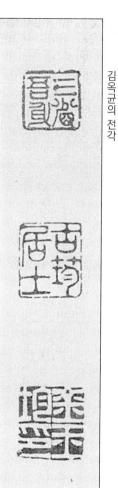

김옥균의 전각

도야마 미쓰루 소장

하나의 기둥이 천하를 떠받들다(一柱擎天)
이누카이 쓰요시 쓰다(犬養毅 題)

김옥균의 초상

1880년 처음 일본에 와 나가사키(長崎)에서 촬영한 사진

1894년 상하이 출발 전에 촬영한 사진 (와타나베 하지메〈渡辺元〉 소장)

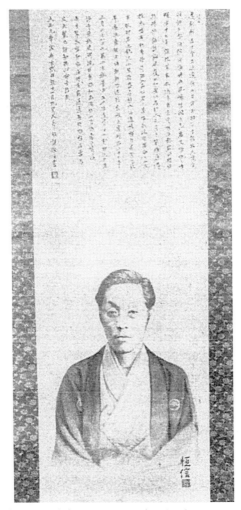

신조지(眞淨寺) 주지인 고(故) 데라야마 후쿠주(寺山福壽)가 그린
김옥균 초상화와 이누카이 보쿠도(犬養木堂)의 애찬

▲도쿄 혼고 고마고메
(本鄕駒込) 신조지에
있는 김옥균의 묘

▲도쿄 아오야마(靑山)에 있는 김옥균의 묘

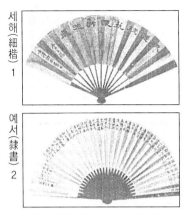

세해(細楷) 1

예서(隷書) 2

김옥균이 오가사와라(小笠原)섬에 유배간 곳에서 데라자와 마사아키(寺沢正明)의 딸 기슈쿠(嫣肅)에게 선물한 부채

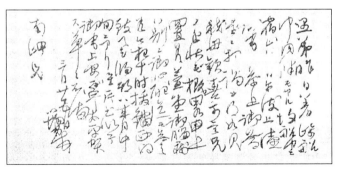

절필, 상하이로 가는 도중 나가사키에서 와타나베 하지메에게 보낸 김옥균의 편지

스나가 하지메(須永元) 소장

고(故) 소에지마(副島) 백작이 김옥균에게 받은 액자

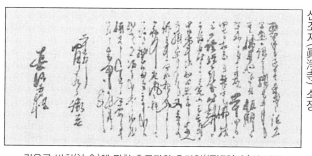

고마고메(駒込) 신조지(眞淨寺) 소장

김옥균 법회(法會)에 관한 후쿠자와 유키치(福沢諭吉)의 서간

김옥균 법회(法會)에 관한 후쿠자와 유키치(福沢諭吉)의 서간

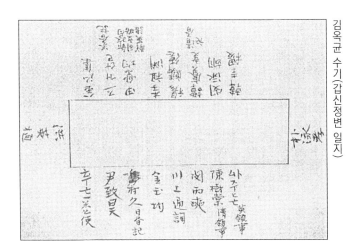

고야마 에쓰노스케(小山悦之助) 소장

【일러두기】

1. 본 작품 『김옥균』은 크게 구스 겐타가 쓴 김옥균 전기(제1장부터 제4장까지)와 김옥균이 일본 망명 약 10년간 사귀었던 교우들의 실화나 회고(부록)로 구성되어 있다.

2. 본 작품은 까다로운 메이지(明治) 문장인 관계로 번역상 어려움이 많았다. 더욱이 회고문이다보니 문체가 각각 다르며, 문장 또한 길다보니 가능한 원문 그대로 번역 하려고 하였으나, 현대 번역상 조금 의역하거나 문장을 간결하게 하고자 하였다.

3. 본문의 괄호는 원활한 의미전달을 위해 부연설명하였고 인물의 경우 각주처리를 하여 작품을 이해하는데 도움을 주고자 하였다.

4. 글의 내용상 친일적인 부분이 많은 관계로, 자칫 김옥균에 대한 오해의 소지가 있을 수 있으나, 이것은 엄연히 김옥균 사후의 일이며 당시 시대적 배경과 무관하지 않으리라 생각한다. 예를 들어 지나(중국)나 일청, 일러 전쟁 등과 같은 표현상에 있어서도 가급적 원문 그대로 하고자 하였다.

5. 일본어 발음 표기는 국립국어연구원의 외래어표기법을 따랐다.

차 례

- 일러두기

김옥균

구스 도스케(葛生東介)[1] 저

---

1) 구즈 겐타쿠의 호.

제1장

서언

이제와 돌이켜보면 일본이 대한제국을 병합한 지도 어느새 6년이 지났다. 일만 사천 평방마일에 이르는 강산, 천오백만 명의 인민이 우리 일본의 덕망있는 성제(聖帝)를 받들고 평화로이 생업에 열심히 종사하는 것도 천황의 은덕이 넓고 끝이 없음이라 하겠지만 애초에 두 나라의 특수한 역사적 이해가 밀접하고 순치보거(脣齒輔車, 입술과 이, 수레와 바퀴와 같이 서로 없어서는 안 될 밀접한 관계를 뜻함)하여 서로 의지하며 도운 관계는 다른 국가 간에도 비할 바가 없다. 생각건대 일본 제국이 한국을 병합한 까닭은 정치적으로 말하면 멀리 가미요(神代, 일본 역사상 제 1대 천황인 진무천황〈神武天皇〉 즉위 이전) 시대 이후 내왕관계를 합일(合一)한 것에 불과하고, 군사적으로 살펴보면 일본 본토의 자위와 대륙의 요충지로 파악하여 일본 방위에 일대 안정을 가져오는 것과 아울러 한국 팔도강산을 보전하는 것이라 말하지 않을 수 없다. 이를테면 동서세력의 절충지이며, 전란의 분화산인 한국은 그 병합으로 인해 형세가 일변하여 마침내 영원한 평화를 얻었다. 지금 천오백만 인민을 거느린 한 왕국이 그 시류에 의해 나라를 잃었다고는 하나, 실상은 오히려 영광된 국가로 바뀌니, 그 동안 나라는 멸망하여 강산이 황폐해졌음에도 한탄이 없는 이유이다.

　조선은 지역상 동대륙 요충을 차지하여 멀리 바다로 돌출해 있고, 그 반도 끝이 일본 제국의 중심을 가리키고 있다. 그런데 지나(支那)가 조선과 합쳐진다면, 점점 세력을 넓혀 동쪽으로 옮기어 이내 일본 전체에 이르게 된다. 혹은 러시아가 조선을 침략하여 남하한다면, 그 즉시 일본 한 복판까지 육박할 것이다. 이것이야말로 현재 일청(日清), 일러(日露)의 전화(戰禍)를 일으킨 까닭이며, 필시 일한병합을 할 수밖에 없는 까닭 또한 여기에 있다. 생각해 보면 메이지(明治) 첫 해인 1868년부터 1894년에 이르는 약 30년 간 한국은 사대(事大) 혹은 친러 양당의 복마전으로 인해 그 동안 일한(日韓) 양국 교섭관계상 매번 일본에 피해를 끼쳐 비단 우리를 분개시킬 뿐만 아니라 결국 일본으로 하여금 군대를 일으킨 것이 몇 번인지 모른다. 이러한 때에 김옥균은 일찍부터 세계의 대세를 헤아리고, 우리 일본을 의지해 이웃 나라의 잠식을 물리치고 국정 제도를 재정비해서 독립의 결실이 맺어지길 기약하였다. 그러나 그는 시운(時運)을 만나지 못해 정변에 실패하였고, 조국을 떠나 유배되어 궁핍한 생활을 한지도 어느 덧 10여 년. 불행히도 그의 몸은 독칼 아래 죽어 천고의 비극을 당했다고는 하나 일본으로 하여금 감연히 무기를 들고 일어나 청(清)을 벌하고 러시아를 응징하게 하니, 이로써 동방의 평화를 확보할 수 있었다. 이는 어찌 그가 상하이 부둣가에 흘린 선혈의 덕분이 아니면 무엇이겠는가.

김옥균

구스 도스케(葛生東介) 저

제 2 장

김옥균과
일본의 교섭관계

1. 김옥균, 처음 일본에 오다

1882년 경성사건(京城事件, 임오군란)은 본디 조선이 일으킨 폭거로 한국 스스로 도리에 어긋남을 깨달아야 하며, 일본은 반드시 대병(大兵)을 거닐고 그 죄를 마땅히 물어야 한다고 기대하였다. 그러나 청국은 마건충(馬健忠), 정여창(丁汝昌), 오장경(吳長慶) 일행을 파견해 군함을 이끌고 조선에 와서는 대원군을 유인해 북경에 호송하더니 조선으로 하여금 일본의 예봉을 피하게 하였다. 그런 까닭에 우리 일본 전권대사 이노우에 가오루(井上馨, 외무경)[2]와 전권공사 하나부사 요시모토(花房義質)[3]가 경성에 가서 담판을 진행한 결과, 조선정부는 손해배상과 그 외 요구 전부를 수용하고 조약 체결 후 박영효를 사죄

---

[2] 1835-1915, 조슈(長州) 출신 정치가. 막부(幕府)토벌 운동에 활약하였으며, 제 1차 이토(伊藤)내각 때 외상으로 조약개정에 전력을 다했다. 또한 극단적인 서구화 정책을 추진하였고, 후에 농림대신, 내무대신, 재무대신 등을 역임하여 정재계에 중요한 역할을 하였다. 더욱이 1876년 강화도사건 처리를 위해 특명전권부사로 조일수호조규(朝日修好条規) 조인에 입회한 이후, 갑신정변(1884)과 을미사변(1895) 등 조선과 밀접한 관련이 있다.

[3] 1842-1917, 메이지시대 외교관. 1876년 조선에 취임하여 부산에 있는 왜관 부지를 특별거류지로 하고, 공사(公使)로 조선에 주재하면서 외국사신으로 처음 고종을 알현하였다. 임오군란(1882) 때 공사관의 습격으로 일본으로 탈출하였지만, 재차 취임하여 제물포조약을 체결, 공사관 호위라는 명목으로 주병권(駐兵權)을 얻었다. 후에 주러공사, 농상무차관, 궁중고문관, 일본적십자사장 등을 역임.

사(謝罪使), 김만식을 부사(副使)로 일본에 파견하여 재차 사죄의 뜻을 제국에 표명하였다. 그런데 이 때 사절단 일행과 함께 동행하여 원대한 포부와 숱한 기책(奇策)을 가지고 온 자가 있으니 그가 바로 김옥균으로 일본에 처음 온 것이다.

당시 조선은 이른바 사대당의 도량발호(跳梁跋扈, 함부로 설치고 날뜀)에 내버려져, 정치 요로에 있던 대관, 귀족 모두가 청국 조정의 제도를 숭상하고 그들 주재(駐在) 관리의 기색을 살피는 등 한결같이 그들의 환심을 사려는데 급급하니 마치 청국 관리가 와서 조선을 다스리는 것과 같았다. 김옥균 등 독립당 지사들은 이러한 청국의 무례함을 보고 더 이상 참지 못하니, 국정의 근본적 개혁을 단행하고 그 오래된 폐단을 타파하여 독립의 결실을 맺으려 은밀히 획책하고자 하였다. 이를테면 우선 조선에 있는 청국 세력을 몰아내고 정권을 조선의 손으로 회복해 점차적으로 그들의 장래를 위한 계획을 실행하고자 하였다. 그렇지만 그들은 아직 힘이 부족하여 우리 일본의 도움이 필요한 것을 느낀바, 사절단 일행과 함께 일본에 와서 후일 일본에게 원조를 청해 자기입각(自己立脚)의 지반을 개척하고자 하였다.

김옥균이 일본에 오자 은밀하게 비약을 시도하였다. 우선 일한 양국 친선에 마땅히 도움이 되는 많은 안건을 제시하고 유학생을 파견해 도야마(戶山) 학교에 입학시킨다는 것과 더불어 국정개혁의 재원으로서 이노우에 외무경의 주선으로 요코하마(横浜) 쇼킨(正金) 은행으로부터 17만원(圓) 차관을 약속받고 박영효와 함께 귀국하였다.

2. 김옥균의 두 번째 일본 내유

이와 같이 김옥균은 일본으로부터 17만원 차관을 얻었으나, 그 차관은 국정개혁을 수행할 비용으로 너무나 적은 액수였다. 그래서 다음 해인 1883년 여름 김옥균은 서재필, 서재창 형제와 함께 도야마(戸山) 학교에 입학할 유학생 17명 및 조선 광산을 담보로 300만 차관문제를 가지고 재차 일본에 내유하였다. 그런데 당시 일본 정부의 대한(對韓) 정책은 항상 소극퇴영(消極退嬰, 소극적이고 뒤로 물러나서 움직이지 아니함)을 일삼아 자칫 도와주면 청국과의 갈등이 발생하는 것을 두려워했기 때문에 차관문제를 달가워하지 않았을 뿐만 아니라 변리공사 다케조에 신이치로(竹添進一朗)[4]

---

4) 1842-1917, 메이지시대 외교관, 한학자. 1875년 이토 히로부미와의 인연으로 모리 아리노리(森有礼)를 수행하여 청나라로 갔으며, 다음 해 1876년 중국을 여행. 대장성(大蔵省) 근무를 거쳐 1880년 톈진(天津) 영사가 되었고, 류큐(琉球, 현재 오키나와) 문제로 이노우에 고와시(井上毅)와 함께 청나라 정부와 교섭하였다. 임오군란 때 하나부사 요시모토 후임으로 한국 공사로 경성에 와 독립당 김옥균, 박영효 일행을 도와 일본 세력 확장에 노력하였으나 1884년 독립당이 일으킨 갑신정변 때 청군에 패하여 실패하였다.

와 같은 자는 그 차관성립을 방해하기 위해 김옥균이 가져온 위임장을 인정하지 않으니, 김옥균은 크게 실망하여 재야 유력자에게 후원을 구하려고 후쿠자와 유키치(福沢諭吉)[5]에게 사정을 말해 부탁하자, 후쿠자와는 이 사실을 평소에 친한 백작 고토 쇼지로(後藤象二郎)[6]에게 소개하였다. 그러는 동안 한편으로 그는 미국인 모스(W. R. Morse. 당시 요코하마에 있던 미국무역회사 〈아메리칸 트레이닝 컴퍼니〉 사장)에게 찾아가 미국으로부터 차

---

5) 1835-1901, 난학자, 계몽사상가, 게이오(慶應) 대학 창립자. 후쿠자와는 조선인 개혁자 김옥균과의 만남을 계기로 조선 개혁운동에도 가담하였다. 당시 조선은 일본의 메이지유신 전야 상황과 매우 비슷하며 소규모적인 무력투쟁도 일어났었다(강화도 사건). 그가 일본 문명개화의 중심인물이라는 것은 조선에서도 유명하여, 1881년 3월 6일 김옥균은 후쿠자와와의 면담을 가져 조선독립으로의 협력을 의뢰하였다. 1884년 12월 4일 갑신정변이 실패하고, 다음 해인 3월 16일 후쿠자와는 〈지지신보(時事新報)〉에 「탈아론(脱亜論)」을 그리고, 5개월 후에는 사설 「조선인민을 위해서 그 나라가 멸망하기 바란다」를 발표하였다. 내용은 "인민의 생명도 재산도 독립국민의 긍지도 지키지 못하는 나라는 오히려 멸망해 버리는 것이 인민을 위한 것이다"고 강하게 비판하였다. 그 후, 1894년 후쿠자와는 김옥균이 상하이에서 암살되자, 김옥균의 공양을 위해 법명(法名)을 신조지(真浄寺)의 주지였던 데라다 후쿠주(寺田福寿)에 의뢰하여 〈고원원석온향(古筠院釈温香)〉을 지어주었다.

6) 1838-1897, 메이지시대 정치가, 실업가. 자유당을 결성하여 이타가키 다이스케(板垣退助)에 이어 부(副)당수 자격으로 참가하여 대동단결운동을 추진하였으나, 나중에 정부에 협조하는 쪽으로 바뀐다. 1883년 후쿠자와의 요청으로 한국정부에서 온 김옥균을 원조하기 위해 프랑스공사에게 함대를 빌려 자유당 청년을 조직, 조선반도에 보내려는 계획을 시도하였으나 실패하였다.

관받으려는 계획을 세웠으나 뜻한 대로 되지 않았다. 이에 김옥균은 고토에게 원조를 청하니, 고토는 김옥균의 희망을 받아들여 청불(淸佛) 전쟁(1884~1885년에 베트남에 대한 청국의 종주권을 둘러싸고 프랑스와 청국 사이에 벌어진 전쟁)을 기회로 주일 프랑스공사인 시엥크비쯔(J. A Sienkwicz)와 모의, 프랑스를 도와 청국을 무찔러 이로 하여금 조선을 도와주어 평소 김옥균이 가졌던 웅대한 계획을 전개하려고 하였다. 그러나 그러한 논의가아직 완전히 성립되지 못한 채, 김옥균은 급히 귀국하지 않으면 안되는 사정(1882년 6월 9일에 일어난 임오군란을 말함)이 생기자, 고토는 다시금 무쓰 무네미쓰(陸奧宗光)[7]와 상의하였다. 무쓰는 생각하건대 "급히 300만원 차관을 성사시키는 것은 기대하기 어렵지만 당장 20만원은 조달 가능하다. 이 금액이라면 현재 급한 대로 돕기에는 충분할 것이다. 다만 조선국왕으로부터현 정권을 고토에게 위탁한다는 국서를 받고, 고토를 조선에

---

7)   1844-1897, 메이지 시대 정치가, 외교관. 제 2차 이토내각을 맞이해 외무대신에 취임. 1894년 영국과의 영일통상항해조약(英日通商航海条約)을체결하여, 막부 이래 불평등조약인 치외법권 철폐에 성공하였다. 이후 미국, 독일, 이탈리아 등 불평등조약을 맺은 15개국과도 조약 개정을 이루었다. 한편 같은 해 갑오농민전쟁이 시작되자, 청나라 출병에 대항하여 출병을 결정, 7월 23일 조선왕궁점거에 의한 친일정권을 수립, 25일에는 호토(豊島) 앞바다 해전을 시작으로 청일전쟁을 개시, 전쟁 후에는 이토 히로부미와 함께 1895년 시모노세키(下関) 조약을 조인하여, 전쟁을 일본에유리한 조건으로 종결시켰다.

보내는 것과 동시에 군사(軍事)에 관련해서는 오카모토 류노스케[8]가 현 국면을 대처시키지 않으면 불가능하다"고 말했다. 이에 요시다 마사하루(吉田正春)가 원고를 쓰고, 무쓰가 이를 수정한 다음 후쿠자와의 첨삭을 거쳐 매우 주도면밀한 위임장 초안을 작성하였다. 당시 고토의 결심은 대단히 확고해 그 의기가 조선 팔도를 삼킬 듯한 기세였다. 그는 후쿠자와에게 말하길 "왕명을 받들어 왕도(王都)에 들어가 천하의 대사를 결행하는 것은 대장부의 일이다. 중국 전국시대의 열사 린상여(藺相如)의 완벽(完璧)고사(중국 전국 시대 조(趙)나라 혜문왕(惠文王)이 천하의 보물인 화씨벽(和氏璧)에 유래한 고사)도 전적으로 이러한 이유였다. 하물며 자칫 일이 잘못되어 옥쇄(玉碎, 명예나 충절을 위하여 깨끗이 죽음을 이르는 말)하는 것 또한 무슨 걱정이 있겠는가?"라고 하였다. 이에 후쿠자와는 고토의 대담함에 크게 감복하였다고 말한다.

인생사 호사다마(好事多魔)하고, 거친 비바람이 불기 마련인가보다. 마침내 20만원을 조달받기 직전, 융통자인 제일(第

---

8) 1852-1912, 메이지 시대 군인, 국수주의자, 무츠 무네미츠(陸奧宗光)의 추천으로 육군성에 출사함. 나중에 조선궁내부와 군부고문. 그리고 청일전쟁 후에는 1895년 10월 을미사변을 주도하였으나 증거불충분으로 면소. 신해혁명이 발발하자 상하이로 건너가서 객사하였다. 한편 후쿠자와 집에 서생으로 있을 때 김옥균과 박영효와의 친분을 쌓았다.

一)은행은 정부의 승인이 없기 때문에 이를 받아들이지 않았다. 그런 까닭에 고토는 참의(參議) 이토 히로부미(伊藤博文)를 찾아가 동의를 구하고자 하였다. 이토는 겉으로는 찬성하는 한편 은밀히 이노우에 가오루에게 이러한 사정을 말하자 이노우에는 크게 놀라며 이토에게 말하길 "현재 정부는 조약개정에 착수하여 전력을 다하고 있는 이 때, 고토의 도움을 받아 한국 개혁의 임무를 맡기는 일은 심히 불가능하다"고 하였다. 그리고는 오히려 무쓰를 설득하여 고토를 유럽으로 도항시키고 또한 그 취지를 다케조에 공사에게 명하여 독립당이 한국 개혁이라는 큰일을 수행하도록 하게 하였다. 이에 고토의 원대한 계획도 후쿠자와의 고심도 끝내 수포로 돌아가니, 김옥균은 궁여한 몸을 이끌고 허무하게 귀국하였다.

제 3 장

김옥균과
한국 조정개혁

1. 일본 대한정책 일변

결국 김옥균은 빈손으로 고국에 돌아왔고, 비록 몸은 사대 당에 가로막혀 있었으나 노심초사한 가운데 백방으로 수소문 하며 심부름꾼을 오카모토 류노스케에게 보내 도와줄 것을 독촉하는 일도 다반사였다고 한다. 이 때를 맞춰 이토와 이노 우에는 고토가 조선에서 이루고자 하는 바를 전해 듣고 급히 대한정책 태도를 일변하더니, 시마무라(島村) 대리공사로 하여 금 독립당 즉 김옥균과 박영효의 환심을 사게 하여 암암리에 한국 조정개혁 의지를 도우려는 뜻을 넌지시 암시하였다. 그리 고 이러한 전후 사정은 후쿠자와 유키치 수기에 상세히 적혀있 어 그 대강의 요지를 여기에 적고자 한다.

김옥균은 여러 해 동안 국왕의 신임을 얻은바 사대당 체제 를 개탄하며 크게 뜻하고자 하는 계획을 가지고, 1882년 수 신사 박영효와 함께 일본에 와 은밀히 일본 정부에 의뢰하려 는 목적을 모의하였으나, 당시 정부의 방침을 관철할 수가 없 어 미약하나마 그 뜻의 후의로 17만원을 요코하마 쇼킨(正 金)은행으로부터 차용할 따름이었다. 하지만 17만원을 가지 고 나랏일을 위해 사용하기에는 부족하여, 이에 1883년 초여 름 경 조선에서 300만불 외채위임장(다케조에 공사는 이 외채위임장을 위조라 속여 김 씨의 계획을 방해하였다)을 가지고 다시 일본에 와 미국 공사의 내밀한 주선으로 요코하마에 재류중인 모스에게 부탁해 미국에서 외채모집을 시도하였지만 그 일 또한 성사되지 못했다. (제일은행 시부사와 에이이치⟨渋沢栄一⟩[9]가 김옥균에게 10만 내지 20만원을 빌려 주려고 하였으나 외무경 이노우에의 승인을 얻지 못한 관계로 실패로 끝난 것도 1884년 1월경이다) 그래서 결국 1884년 빈손으로 귀국하였다. 이러한 일들을 주선하는 동안 일본 정부가 조선에 대한 정략을 살펴보면, 오히려 매우 소극적 방침처럼 보였고, 따라서 김옥균의 행동 하나하나가 일본 정부의 방침과 맞지 않아 김옥균과 박영효라는 이름만 들어도 경조부박(輕躁浮薄, 마음이 들떠 있고 행동이 가벼움)한 것처럼 간주되어 외무성 등에는 접근할 수도 없었다. 하물며 일본에서 이러할 진데 재조선 일본 공사관도 역시 그러하니, 당시 일본으로 귀국 중이던 조선공사 다케조에와 같은 자는 거의 김과 박과 절교한 것이나 다름없었고, 당시 재임해 있던 대리공사 시마무라 씨 이하 공사관 모든 관리들 또한 모두 그들을 멀리하였다. 그런데 김옥균이 조선에 귀국한 것이 같은 해 3월로, 그

---

9) 1840-1931, 에도시대 말기부터 다이쇼 초기에 걸쳐 관료, 실업가. 제일국립은행과 도쿄증권 거래소 등 다양한 기업을 설립, 경영에 관여해 일본 자본주의의 아버지라 불리운다.

후 (김옥균은) 공사관의 상황을 주의깊게 살펴보니 1883년 8, 9월경부터 이전과 달리 조금씩 정세가 바뀌는 것을 알고 난 뒤부터 천천히 공사관에 접근하고자 마음먹었다. 이노우에 가쿠고로(井上角五郞)[10]는 원래 김옥균, 박영효 일행들과 함께 조선에 건너 가 나중에 조선정부에 고용되어 한성순보 발간을 도왔다. 그러나 1884년 초봄부터 지나인이 신문발간을 거세게 비난하였고 게다가 조선정부로부터 받은 월급도 매우 적었던 탓에, 우선 일본 대리공사 시마무라 씨에게 신변상의 보호 및 생계상의 보호를 요청하였지만 전혀 받아들이지 않았다. 생각건대 아마도 일본정부는 가쿠고로를 김, 박과 마찬가지로 한통속으로 간주한 까닭이었을 것이다. 이에 가쿠고로는 5월 경성을 떠나 귀경하였다. 이 때 청불전쟁이 일어나려는 상황이었다. 7월이 되자 세상 사람들은 이미 전쟁을 피할 수 없다고 생각했을 때, 외무성에서는 가쿠고로에게 약간의 보호금을 주고 다시 조선으로 가게 하였다. 그의 임무는 한성순보를 지나인에게 넘기지 않는데 있었다. 가쿠고로가 다

---

10) 1860-1938, 실업가, 정치가. 임오군란 후 조선정부의 고문이 되어 〈한성순보〉을 발간. 갑신정변에 깊이 관여하여 김옥균, 박영효와 관계를 가졌다. 제 1회 제국의회 중의원 의원으로 당선된 이후 연속으로 당선, 제47회까지 14번 국회의원을 지냈다. 일본제강소 회장, 국민고원학원 이사장, 게이오대학 평의원 등을 역임하였으며, 1920년 경부(京釜)철도, 남만주철도 설립에도 관여하였다.

시 조선에 간 것은 8월 중순으로, 이 때 시마무라 씨는 조선 정부와 일한(日韓) 무역장정을 균점(均霑, 평등하게 이익을 얻음)하려고 한창 노력하였으나 조선에서는 이런저런 핑계로 응하지 않았고, 한편 일본공사관은 한규직, 이조연과 친하여 그들을 일본당이라고 부르며 여전히 김, 박과의 관계는 좋지 않았다. 그런데 가쿠고로가 재차 조선에 건너간 전후부터 시마무라 씨와 김, 박은 서로 사이좋게 무역장정 담판에 대해 상담하였다. 9월 중순 일본에서 출발해 조선을 향하는 우편선(郵船)이 있었는데 그 배에 실린 신문에 의하면 지나는 프랑스와 싸울 이유를 자국 내에 알렸다고 한다. 또한 이와 함께 북경몽침(北京夢枕)이라는 제목으로 된 판화 및 지지신보(時事新報)에 기재된 각국 정부가 지나를 분할 점령하는 그림 등이 도착하였다. 이 때 조선은 위아래 할 것 없이 모두가 어찌할 바를 몰라 난리가 아니었다. 실제 청국과 프랑스 두 나라가 싸운다면 누가 이길지 논의하고 있을 때 시마무라 씨는 김옥균과 한규직에게 은밀히 지나 군사를 신속히 철병할 것을 지나에게 요구해야 한다고 말했다. 10월 초순의 일이지만 민영익은 때때로 지나인을 향응하고 그들과 사냥하면서 일본인을 멀리함에 따라 시마무라 씨가 내심 상당히 불만이 있을 때, 김옥균은 조선관리 및 시마무라, 아사야마(浅山), 이소바야시(磯林), 마쓰오(松尾) 일행을 초대하여 향응하는 등 일본

공사관을 향해 호의를 보인 바가 적지 않았다. 이러한 연유도 있는 까닭에 시마무라의 김옥균에 대한 우의는 날로 깊게 쌓여 갔다. 원래 이전에도 박영효는 공사관으로부터 그렇게까지 배척당하지 않았으며 자주 왕래한 적이 있었다. 그리고 박과 김의 교제는 애초부터 일심동체였다. 그리하여 이번에 김이 공사관 출입을 새로이 시작한 것은 독립당의 커다란 행운이며, 이로써 그 수령인 박영효, 김옥균, 홍영식, 서광범(이 외에 서재필은 나이가 어린 젊은이지만 주모자 중 한 사람이다) 일행은 전부터 계획한 거사에 한 걸음 나아가면서 더욱더 시마무라 씨와의 교제가 깊어지고 왕래 또한 빈번하게 되었다. 어느 날 김옥균은 조용히 시마무라 씨에게 말하길, "현재 조선의 사태는 귀하가 목격한대로 나라의 주권이 마치 지나인에게 귀속되고 우리 조선 대신들은 오로지 지나인의 눈치만 살필 뿐, 스스로 나라가 있는 것도 모른다"고 하였다. 또한 "군주가 있는 것도 모르니, 이번 기회에 우리 동지들은 죽음을 맹세하고 나라를 위해 이루려는 바가 있으나 어찌된 영문인지 일본 정부는 지나를 두려워하는 바가 이만저만 아니며, 가깝게는 제가 작년 일본 체재 중에도 외무성을 비롯해서 모든 귀국 정부 당국에게 소외되어 일말의 도움을 받기는커녕 더러는 사적인 일마저 방해를 입을 지경에 이르렀소. 이래서는 부탁한 보람도 없게 되었지만, 우리들은 이미 죽음을 결심하고 나라를 위한 것이라면 가령 다른 나라의 원조가 없다 하더라도 그 뜻을 바꿀 수 없다"는 등의 뜻을 분개와 푸념을 섞어가며 말하자, 시마무라는 이에 동조하며 성의껏 김옥균을 위로하면서 조선개혁에는 전적으로 동의하며 또한 일본 정부가 지나를 두려워해 조선에서 손을 뗀다는 등의 말은 애초부터 없었던 일로 일본 정부는 반드시 조선의 독립을 도와줄 것이다. 지금이라도 여러분이 뭔가 일을 이루고자 도모한다면 우리들도 이를 소홀히 하지 않겠다고 말하였다. 그의 말과 뜻이 심히 쾌활한 것을 보고, 김옥균은 진심으로 기뻐하며 더욱 더 동지와의 협의를 굳건히 하였고, 10월 말 경에 이르러서는 시마무라의 뜻도 확고부동하여 마침내 독립당을 도와줄 것임에 틀림없다는 것을 알고 점차 세부적인 밀담에 이르려고 할 즈음, 다케조에가 경성으로 온다는 소식을 접하게 되었다. 따라서 다케조에가 조만간 다시 온다는 소문을 들은 독립당 사람들은 크게 낙담하여 그가 온다면 예전처럼 인순퇴수(因循退守, 낡은 인습에 얽매이고 극히 소극적인 자세)하여 도저히 함께 대사를 도모할 수 없으며, 게다가 김옥균은 평소 다케조에와 서로 맞지 않는 사이라 그가 매우 방해가 되기에 서로 의논할 수 없다고 말했다. 김옥균은 이러한 사정을 시마무라에게 말하자, 시마무라는 "조금도 걱정의 기색도 없이 다케조에 공사도 우리들과 의견이 다르지 않다. 또한 그대와 공사가 평소 서로 좋지 않다고는 하나 이것은 우리 교제와는 상관없고 사적 일과도 다르니 다케조에가 자네와 일을 의논함에 어찌 여느 때처럼 방해하겠는가, 그러니 조금도 걱정할 필요가 없다"고 웃으며 말했다. 그 모양새는 한결같이 독립당 사람들에게 낙담하지 말라는 뜻으로 특별히 곁에서 격려해 주는 듯한 말이었다.

10월 30일 다케조에 공사는 일본을 떠나 재차 경성에 도착하기 약 열흘 전에 센다이(仙台)에 있던 군대를 교대시켰다. 다케조에가 경성에 온 다음 날인 31일은 몸살로 입궐하지 않고, 그 날 대리공사인 시마무라와 이노우에 가쿠고로를 불러 일본 정부는 이번에 지나와 전쟁하기로 결정하였으며 조선이 이 틈을 이용하길 바라는 것과 동시에 주위의 신임을 얻기 위해 40만 불의 상금을 환부하게 되었다는 등 여러 가지 이야기를 하였다. 이 같은 사실이 재빨리 김과 박의 귀에 들어가자 박은 그 날 즉시 다케조에가 있는 공사관을 방문하였으나 만나지 못하고, 그 다음 날인 11월 1일 다시 방문하여 국사에 관해 이야기하면서 아무쪼록 일본의 힘을 빌려 개혁하고자 하는 취지를 말하니 다케조에에 또한 개혁의 필요성을 논하며 크게 장려하는 말투였지만, 서로 간 여전히 세부 사항에 관해선 말하지 않은 채 돌아갔다. 그 날 오후 김옥균도 공사관을 방문하여 다케조에를 만나 오랜만에 재회의 인사를 한 뒤, 조선 국정을 언급하며 이대로 있다가는 국가가 점차 쇠약해져 지나 속국이 되든가, 아니면 멸망하여 흔적도 없어져 버릴 것이니 우리들은 무슨 일이 있어도 반드시 나라가 멸망하기 전에 구하려고 한다 등의 말을 하자, 다케조에는 김옥균의 말을 듣고 참으로 지당하기 이를 때 없는 말이나 나라를 구하는데 어떤 수단이 있겠는가 하는 질문에, 김옥균은 이를 기회로 그 수단책략이라 함은 여러 가지가 있겠지만, 무릇 남에게 그 일을 말하거나 모의할 때에는 우선 그 사람을 믿는 것이 중요하다. 그런데 공사 귀하는 오래 전부터 저를 의심하는 바가 심하고, 저 또한 그것을 모르는 바가 아니니, 적어도 남에게 의심받는 이상 그 사람에게 일을 말하거나 도모할 수 없다. 도대체 귀하가 지금까지 저를 의심한 것은 어떠한 이유이고 또 하등의 증거라도 있는가 하며 조금도 거리낄 것도 없이 곧이곧대로 물었더니, 다케조에는 대답없이 묵묵히 있다가 잠시 후 말하길, 만약 다른 나라가 조선의 국사(國事)를 구하고자 한다면 어떠할 것인가, 그리고 혹시라도 그러할 때 자네들은 어떻게 할 것인가 하고 되묻자, 김옥균은 대답하길 아무리 생각해도 현재 조선의 형세를 봐서는 국사에 착수하기에는 다른 나라의 힘을 빌리는 도리밖에 없다고 생각되나 이에 관해서는 동지들과 상담한 후가 아니면 뭐라고 말하기 어렵다고만 말하고 자리에서 일어섰으나, 사실 김옥균은 마음속으로 다케조에의 생각이 바뀐 것을 보고 일본 정부의 정략도 분위기가 크게 바뀐 것을 예상하며 그 기쁨이야 참을 수 없었지만, 우선 자신의 신용을 두텁게 하기 위해서 그리고 다케조에가 너무 자만해 경솔해 일을 그르치지 않을까 하는 걱정도 있고 해서 그 날은 일부러 어떠한 이야기도 하지 않고 헤어졌다.

11월 2일 다케조에 공사는 궁에 입궐해 국왕에게 알현의 예를 다하며 그가 가져온 상금 40만 불을 돌려주는 일본 정부의 입장을 전했다. 또한 무라타(村田) 총 16정을 바친 후, 공무를 마치고나서 국왕에게 은밀히 내알(內謁)을 청해 그 자리에는 아무도 들어오지 못하게 요구하니, 시중드는 자는 단지 이조연 한 명뿐이었다. 그 자리에서 공사는 누차 지나는 믿을 바가 못 된다는 것을 말하고, 더구나 서양 세력이 도래하는 정세를 설명하면서 국왕에게 독립을 크게 장려하는 것 같았다. (다케조에와 시마무라는 이조연, 한규직을 진정한 일본당으로 생각하여 내알할 때도 이조연 한 사람만 배석하게 했다. 또한 이들을 잘못 믿은 까닭에 다케조에의 계략은 재빨리 조선과 지나 두 나라 사람들에게 누설되었다) 한편 타케조에가 알현할 때, 민태호 이하 모든 대신들은 물론 김옥균도 입궐하였고 다케조에 공사가 통역관 아사야마(浅山) 씨와 국왕을 대하고 있는 동안, 수행 온 시마무라 씨도 별실에서 조선 대신과 함께 있었는데 김옥균은 일본어로 시마무라와 대화하면서 마침내 거사할 뜻을 밝히자 이에 시마무라가 대답하길 서둘러 착수한다면 지금이라야 어렵지 않다고 말했다.

당시 일본 정부의 실질적 권력 대부분은 이토와 이노우에가 장악하고 있었으며 모든 일은 이 두 사람의 판단에 의해 결정되었으니 그들은 고토와 후쿠자와와 같은 민간 지사(志士)가 조선개혁의 대사(大事)를 결행하는 것을 달가워하지 않았고 될 수 있으면 정부 독자적으로 그 공로를 차지하길 원했던 바, 다케조에를 급히 귀임시켜 중임을 맡게 하였다. 당시 조정 회의에서 이제 막 다케조에를 중임으로 정하려고 할 때, 각료 중 한 사람이 이를 심히 우려하며 말하길 "다케조에는 유학자다. 도저히 이러한 대사를 결행할 인물이 못된다. 원산(元山)에 있는 총영사 마에다 겐키치(前田獻吉)야말로 오히려 적임자가 아닌가"라고 하였다. 이 말에 주의를 기울일 만도 하였으나 이토와 이노우에는 이를 배제하고 다케조에를 경솔하게 믿더니 생각했던 대로 역시 국가 대사를 그르치고 그와 같은 실패를 초래하기에 이르렀다.

2. 사대당 처단과 조정의 오랜 폐단을 없앰

다케조에 공사는 정부의 취지를 받아 귀임한 후, 수장으로 조선개혁의 계획을 수행하려고 김옥균 일행과 만나 오랜 옛정을 돈독히 하고 여러모로 도움이 되고자 하였으나, 그의 언행과 경박함은 거사를 준비하는데 신중하지 못한 탓에 계획이 밖으로 새어나가 사대당의 시기와 의심을 사는데 충분하였다. 김옥균은 이러한 다케조에의 태도를 살핀 바, 일본의 대한 정책이 일변한 것을 간파하고, 이번 기회에 오래 전부터 품어 온 숙원을 관철시키려는 계책을 강구하며, 동지들을 규합하고 준비를 착수하여 12월 4일 경성우편국 개업식이 거행될 때 마침내 거사를 일으키고자 하였다.

그 날 일본 공사관에서는 이미 독립당의 정변에 맞춰 준비에 바빴으며 아침부터 내내 병영으로부터 군량과 탄약을 은밀히 가져오더니 오후가 되서는 병사들을 집합시켜 시국의 개전을 기다리게 했다. 날이 어두워지자 모든 외국사신과 조선 대관, 귀족 등이 차례로 우편국에 모이고 연회가 무르익을 무렵, 갑자기 폭발소리가 나더니 아비규환하는 소리가 연이어 일어나면서 커다란 불빛이 연회석이 있는 유리창 너머로 보였다. 모두가 놀라서 창문을 바라보니 지붕 뒤로 민가(民家)가 한창 불에 타오르고 타다 남은 불씨가 맹렬한 기세로 치솟아 이내 우편국으로 옮겨 붙으려고 하였다. 더욱이 크게 소리치는 자가 있어 말하길, 궐문 부근에 큰 불이 났다고 하였다. 그러자 연회석은 순식간에 아수라장이 되어 배반낭자(杯盤狼藉, 술잔치 뒤에 남은 음식이나 술잔·쟁반 등이 너절하게 어질러진 모양)는 물론 한바탕 소동이 일어난 것은 이루 말할 수 없었다. 그 사이 대신 민영익이 제일 먼저 뛰쳐나가 출입구에 다다르자 자객이 문을 밀어 젖히고 뛰어올라 그를 쓰러뜨렸다. 이를 본 외국사신과 대관들은 크게 놀라 혼비백산하며 어찌할 바를 몰랐다. 이러할 때 김옥균은 박영효와 함께 달려가 대궐에 도착하여 국왕을 알현하고 그 전말을 상주(上奏)하니, 급거 경복궁으로 자리를 옮길 것을 청하는 (후에 계동궁으로 이동하고, 재차 대궐로 옮겼다) 것과 동시에 일본 공사를 불러 일본 병사로 하여금 궁성을 보호하고자 하는 의견을 올렸다. 왕은 즉시 친서를 써 박영효에게 하사하고 다케조에 공사와 병사를 인솔하여 입궐하게 하였다. 때는 이미 궁중에 독립당이 가득 차 있었고 모든 대문은 일본 병사들이 지키고 있었다. 군신들은 정변 소식을 듣고 국왕의 안위가 걱정되어 대궐 문에 도착하였으나 위병(衛兵)들이 저지하면서 명찰을 받아야 내전(內殿)으로 들어갈 수 있게 하였으니 김옥균과 박영효 그리고 서재필이 쓴 명찰을 가지고 오는 자 이외에는 들어갈 수 없었고 다만 사대당 대관들이 도착하면 순순히 안으로 들어 보내게 하여 모두를 없앴으니 이 때 민영익, 조영하, 민태호 등이 잇따라 궁궐 안에서 쓰러졌다. 그리고 이조연, 한규직, 윤태준 세 사람은 서둘러 입궐해 궁전 안에 있었던 관계로 없앨 수 없었지만 김옥균은 이 세 장수를 재촉하여 속히 밖으로 나가서 병사를 이끌고 국왕을 보호하라고 하니 마침내 세 장수가 제 1문에 이르자 사방에서 습격받아 처단되었다. 이날 밤 김옥균이 없애고자 한 자들은 대부분 죽고 아직 국왕에게 아뢰지 않아 사람들 마음은 어수선하기만 하였다. 그 때 왕비를 시작으로 궁녀들이 자꾸만 대궐로 입궐하자고 주장하였다. 김옥균이 즉시 병사로 하여금 궁중에서 가장 지체 높은 환관 우두머리인 유화현(柳花賢)을 잡아오게 하여 어소(御所) 근처의 복도에 강제로 꿇어앉히게 한 다음, 그 죄상을 고하고 칼을 내려치니 선혈이 솟구쳐 왕의 옷을 더럽힐 뻔하였다. 주위에 앉아 있던 사람들은 하얗게 질려 아연해지더니 다시는 환궁을 말하는 자가 없었다.

사대당 처단을 일단 마치고 정부의 실권은 모두 독립당이 차지하게 되자, 관리 교체, 문벌 폐지, 조세 개혁, 쌀 대부(貸付) 악폐 제거 및 환관의 지위를 낮추고, 지나에 조공의 예를 없앨 뿐 아니라 궁내성(宮內省)을 신설하여 궁중(宮中)과 부중(府中, 조정에서 정치를 행하는 공식적인 곳)으로 하여금 각기 따로 업무를 맡게 하는 등 그 모습이 마치 일본 유신(維新)이 처음 막부 병사들을 도바(鳥羽)와 후시미(伏見)에서 격파하고 그들이

내건 정령(政令)이 순식간에 교토(京都)에서 전국으로 퍼지는 것과 닮았으니 독립당 세력도 기세가 왕성하여 한 시대를 뒤흔드는 모습이었다.

3. 청병의 내습과 개혁 실패

12월 6일 김옥균은 청국주재관 원세개(遠世凱)[11]에게 글을 보내 어젯밤 청국 병사가 무례하게 궁문을 열 것을 요구한 것에 대해 책망하였으나 답장이 오기는 커녕 병사 6백 명을 이끌고 국왕에게 알현한 것을 요청해 왔다. 이에 김옥균은 평상시 호위병 외에 무기를 소지하는 것을 허락할 수 없다고 대답하였다. 그 때 일본 병사가 경성에 있다고 하나 겨우 일개 중대에 지나지 않았기 때문에 궁중에서는 이를 매우 불안히 여겨 오히려 청국 병사에게 의지하려고 하는 상황이었다. 오후 2시 원

---

11) 1859-1916, 1882년 조선에서 임오군란이 일어나자 조선의 정세를 안정시 킨다는 빌미로 오장경을 따라 조선에 부임. 임오군란의 주동자로 지목된 흥선대원군을 납치하여 청나라로 압송, 연금하였고 임오군란을 일으킨 군 사들과의 전투에도 참전. 1884년 조선에서 개화파 김옥균이 주도하는 갑 신정변이 일어나 고종이 납치되자 원세개는 일본군과의 전투에서 승리하 여 고종을 구출. 11월 21일 이홍장(李鴻章)의 명을 받아 조선 주재 총리교 섭통상대신(總理交涉通商大臣)에 취임하여 서울에 주재. 이후 그는 조선 의 내정·외교를 조정·간섭하고 일본, 러시아와 경쟁하였고, 1894년 청 일전쟁에 패퇴한 뒤 청국으로 돌아갔다.

세개는 한 통의 편지를 국왕에게 드리는 동시에 병력을 대궐에 집결시켜 연달아 발포하니 한국 병사는 불과 소수만이 이에 응전하였고 궁전 뒤에서의 총소리는 끊이지 않았다. 이 때 대왕대비, 왕비, 세자, 세자비 일행은 은밀히 궁전 문을 빠져 나가 청국 병사가 있는 북묘(北廟)로 피신하였고 남은 자는 단지 국왕 한 사람뿐이었다. 김옥균은 청국 병사의 폭거에 분노하여 달려가 이를 질타하였으나 그들은 "궁중을 향해 총을 쏘는 것이 아니라 일본 병사를 향해 쏠 뿐이다"라고 말하며 김옥균이 떠나자마자 또 다시 총을 쏘니 총알이 날아 궁궐을 파괴하기에 이르렀다. 국왕은 놀라 떨면서 대왕대비, 왕비가 떠난 곳을 향하여 가기를 원하니 몸종들이 말림에도 듣지 않자 김옥균과 박영효, 홍영식, 서재필 일행이 이를 수행하였다. 다케조에 공사도 뒤따라왔으나 매우 주저하며 망설이는 모습이 역력하였다. 왕이 북문(北門)에 다다르자 김옥균 일행은 여러 번 인천으로 탈출할 것을 아뢰었으나 모두 물리치고 당장이라도 문 밖에 있는 청국 병사가 있는 곳으로 가려고 하였다. 이 지경에 이르자 다케조에 공사는 갑자기 아연실색하며 이별을 고하며 퇴거하고자 하였다. 이때 김옥균 일행이 생각하기를 '대사(大事)는 이미 다 틀렸다'고 보고 국왕 앞에 엎드려 작별을 청하였다. 그러자 왕이 말하길 "너는 어디로 가려고 하는가"고 물으니 김옥균이 대답하길 "일이 이렇게 되었어도 몸은 여전히 국가를 위하여 바치려고 하매, 신(臣)은 이제 일본으로 가오니 오래전부터 받은 성은을 저버리지 않고 임금과 나라를 위해 목숨을 다바쳐 청천백일(靑天白日) 다시 성군의 용안을 뵙고 엎드려 절하고자 합니다"고 하였다. 왕과 신하가 서로 얼싸안고 굵은 눈물을 흘렸다. 그리고 나서 김옥균은 박영효 일행과 함께 다케조에 공사를 따라 일본 공사관에 도착하였다. 청국과 한국 병사가 이들의 길을 막고 백성들도 폭민봉기(暴民蜂起)하여 이에 응하며 여기저기 일본거류민을 살상하고 마침내 공사관을 포위하였다. 공사관을 수비하는 병사는 적고 식량 또한 궁핍하니 오랫동안 버틸 수가 없었다. 7일 오후 포위망을 벗어나 인천으로 향하였다. 떠나면서 뒤돌아보니 일본 공사관은 불에 타 슬프게도 초토화되고 말았다. 일행들은 도망치는 와중에도 누차 적의 습격을 받았으나 8일 저녁 간신히 인천에 도착하여 배로 피신할 수 있었다.

이번 정변으로 이소바야시(磯林) 대위를 비롯하여 전사한 일본 병사와 민간인이 적지 않았다고 한다.

4. 독립당의 실패 원인

김옥균이 다케조에 공사와 서로 모의하여 단행한 개혁 정변은 이와 같이 헛되이 실패로 돌아가고 오히려 조선으로 하여금 청국에 복종시키는 결과를 초래한 것에 지나지 않았다.

그렇다 하더라도 이번 실패는 꼭 김옥균과 독립당을 책망할 것이 아니라 오히려 그 실패의 책임은 일본 정부당국자에 있었다. 만일 이토와 이노우에가 한국의 형세를 자세히 파악해 대한정책 방침을 확정하고 고토와 후쿠자와 등의 계획을 원조하여 그들에게 총기와 돈, 쌀을 빌려주어 독립당과 함께 개혁의 대사를 맡기었다면 그 결과는 반대로 성공했을 것임에 의심할 여지가 없다. 그런데도 그들은 고토 일행의 계획을 저해하고 전혀 도움이 안되는 다케조에에게 이러한 대사를 맡겨 그 혼자 공명을 독차지하려고 하였다. 그 생각의 천박함이나 계획의 경솔함은 거의 어린애 장난과 같다. 이번 정변의 실패는 수상히 여기기에 충분할 것이다. 일본인 우리들이 그 죄를 독립당에 전가하여 이후 김옥균 일행을 멀리하고 청국을 두려워하며 사대당에 아첨해서 그를 학대한 바, 필경 이번 실패를 감추려 함에 지나지 않는다.

요컨대 김옥균의 실패는 김옥균의 실패에 있지 않고 일본 정부의 실패다. 정부에 일정한 방침이나 정책이 없었고, 더구나 그 계획이 너무나 허술하여, 다케조에에게 대사를 맡기기엔 부족해 크게 패하였으니 정부의 책임을 되돌릴 수는 없다. 보아라, 1884년 이후 청국의 속방 정책은 착실히 진일보하여 독립당은 일망타진되었고, 이어서 제국의 위신을 추락시킨 것이 얼마 만큼인지 모른다. 그로부터 10년 간, 조선의 실권은 거의 대부분 청국주재관 원세개의 손에 넘어가, 조선 청국의 속방이 되어버렸고, 일본이 어떤 대항도 하지 못한 것도 그 원인은 일정한 방침과 정책이 없었던 것에 있을 뿐이다. 그럼에도 불구하고 김옥균의 웅대한 계획은 아쉽게도 좋은 기회를 놓치고 그 경륜도 실현하지 못한 채 헛되이 끝났지만 그가 정변을 맞이하여 변하지 않는 참된 마음과 조국에 온몸을 바치려고 한 늠름한 기백은 결코 스러지는 일이 없을 것이다.

(참조) 생각건대 1884년 경성 변란 소식이 일본에 전해지자 외무서기관 구리노 신이치로(栗野慎一郎)는 그 즉시 인천으로 향하고, 참사원 심의관(參事院議官) 이노우에 고와시(井上毅)도 잇따라 인천으로 출발하였다. 24일 이노우에 외무경이 특파 전권대사로 임명되어 육군 중장 다카시마 도모노스케(高島鞆之助) 및 해군 중장 가바야마 스케노리(樺山資紀) 일행과 함께 육해군의 호위 아래 사쓰마마루(薩摩丸)를 타고 30일 오후 인천에 도착, 1월 3일에 경성에 들어왔다. 청국 또한 정변으로 인해 조선과 일본의 관계가 심각해지자, 흠차(欽差) 오대징(吳大徵)으로 하여금 육해군 병력을 이끌고 조선으로 향하게 하였다.

당시 일본 국내 여론은 어디까지나 청국과 한국 양국의 불법을 비난하고 만일 충분히 만족스런 담판을 얻지 못할 경우

병력으로 응징하는 것이 마땅하다고 하였다. 혹은 자칫 이러한 절차를 따르다가 경솔하게 끝날 수 있으니 지금 당장 문죄(問罪)의 군대를 일으켜야 한다고 말하는 자까지 있었다. 특히 청국에 대한 주전(主戰)을 주장하는 기세는 일본 전국에 충만하였으나 2월 7일부터 9일에 걸친 이노우에 공사의 담판은 5개조 제안의 승낙으로 마무리됐었다. 그 조항을 열거해 보면 다음과 같다.

조선 국왕의 국서로 일본 황제에게 사의를 표명할 것. 일본 부상자의 구휼 및 그 외 손해배상으로 10만원을 교부할 것. 일본 장교를 살해한 흉도를 엄벌에 처할 것. 공사관 부지 건물을 교부하고, 2만원의 공사비를 제공할 것. 호위병 숙사를 공사관 부근으로 선정할 것.

한편 청국 정부에 대해서는 궁내경(宮內卿) 이토 히로부미를 특파전권대사로 임명하고 참의(參議) 사이고 준도(西鄕從道), 해군소장 니레 가게노리(仁礼景範), 육군소장 노즈 미치쓰라(野津道貫) 참사원 심의관 이노우에 고와시를 수행하여, 2월 28일 사쓰마마루를 타고 3월 14일 톈진(天津)에 도착, 우선 베이징(北京)으로 가서 총리아문(總理衙門, 청나라 말기에 외국교섭을 담당한 관청)의 모든 대신과 회견하고, 4월 3일부터 톈진에서 청국 전권 이홍장(李鴻章)[12]과 절충하였으나, 그 때 일본 정부에게는 주전(主戰) 결심이 없었고 그 태도도 온화한 쪽으로 흐르는 바람에 톈진조약 결과, 단지 한국에 주둔한 청국 병사의 일부 철수와 앞으로 출병할 때 상호 통지하는 약속에 지나지 않아 여론 모두가 그 조치를 비난하지 않을 수 없었다.

---

12) 1823-1901, 중국 청말의 정치가. 1882년 조선에 원세개를 파견하여 일본의 진출을 견제하게 하고, 묄렌도르프 • 데니 등 외국인 고문을 보내는 등 조선의 내정과 외교에 깊이 관여하였다. 그리고 이이제이(以夷制夷:오랑캐로써 오랑캐를 다스린다)라는 전통적 수단에 의하여 열강들을 서로 견제시키면서, 한편으로는 일관적인 양보 • 타협정책을 취하였다. 1894년 청일전쟁에서 일본군에 패하자, 이홍장은 전권대사로서 일본으로 건너가 이토 히로부미와 협상을 벌여 군비배상과 영토를 제공하는 시모노세키조약(1895)에 조인하였다.

김옥균

구스 도스케(葛生東介) 저

제 4 장

김옥균의
망명 및 최후

1. 망명중의 김옥균

　김옥균이 일본으로 도망쳐 오자마자, 후쿠자와 유키치는 그를 크게 동정하여 자신의 집에 기거하게 하였다. 그런데 그는 오랫동안 후쿠자와 집안에 폐 끼치는 것을 견딜 수 없어 임시로 다른 곳에 거처를 옮겼다. 이 해(1887년) 정부는 청국의 요구를 두려워하여 김옥균을 일본 국내에 두고 싶지 않아 오가사와라(小笠原) 섬으로 유배보냈다. 그는 한 동안 절해고도에 있으면서 전염성 열병으로 건강이 약화돼 일본 국내로 돌아왔으나, 정부는 또다시 1889년 겨울 그를 홋카이도(北海道)로 멀리 보내기로 결정하고 경시청에게 이를 통보하였는데, 때마침 김옥균은 병상에 있어 어찌할 수가 없었다. 그럼에도 불구하고 정부의 독촉은 실로 서두르기 바빴다. 김옥균은 오카모토 류노스케에게 부탁해 사법대신 야마다 아키요시(山田顕義)를 만나 자신의 위중한 건강상태를 호소하며 출발 연기를 요청하였다. 야마다는 이를 승낙하며 오카모토에게 말하길 "조선 지사를 허무하게 병사시키는 것은 우리 일본인에게 참을 수 없는 일이다"고 하였다. 그리고 서둘러 경보국장 기요우라 게이고(清浦奎吾)를 불러 출발 연기 허가를 전하게 했다. 이에 김옥균은 그 즉시 사사키(佐々木) 병원에 가서 치료를 받고, 오카모토의 소개로 야마다를 만나 청국과 한국 양국의 사정에 대해서 구체적으로 자신의 의견을 밝혔다. 그리고 홋카이도로 가서는 1891년에 이르러 잠시 도쿄에 돌아올 수 있었다.

2. 김옥균의 횡사와 조선의 새 국면 발발

1893년 봄 조선에서 동학당이 봉기하자 김옥균의 동지들은 은밀히 그 정보를 김옥균에게 알려 한국에 올 것을 촉구하였다. 그렇지만 그가 때를 기다리기를 10년, 10년의 세월 동안 세운 계획은 어떤 보람도 없었고, 분연히 일어나 이에 응하는 것도 무엇 하나 없었던 탓에 어찌 해 볼 도리도 없었다. 다만 그는 밤낮을 괴로움에 하릴없이 조국 산천에서 불어오는 바람과 구름만을 바라보며 피눈물만 흘릴 뿐이었다.

이보다 앞서 가이 군지(甲斐軍治)[13]라는 자가 있었는데, 일찍이 조선에 와서 김옥균과 서로 친한 관계를 유지하고 있었다. 이러한 이유에선지 그는 대원군의 측근으로부터 한 통의 서신을 가져왔는데 내용인 즉 김옥균에게 인천에 있는 이아무개

---

13) 생년 미상 1894, 상하이에서 암살된 김옥균 유체가 다시 서울 양화진에서 능지처참을 당했을 때, 김옥균의 시신에서 머리카락과 옷 조각을 가지고 일본으로 왔다. 그리고 도쿄 분쿄구(文京区)에 있는 신조지(真浄寺)에 김옥균의 머리카락과 옷 조각을 넣은 묘를 세웠고, 나중에 자신이 죽으면 김옥균 옆에 묻어줄 것을 유언으로 남겼다. 나중에 그가 죽은 후 그의 말대로 김옥균 묘 옆에 나란히 묻혔다.

(某)라는 사람을 만나 보라는 것이었다. 김옥균은 그 말에 대단히 만족해하며 당장이라도 인천으로 떠나려고 하자, 여러 동지들 중에 말리는 자가 있었기에 결국 중지하고 말았다. 그 즈음 하북성(河北省) 총독 이홍장 부자(父子)는 도쿄주재 청국 공사 왕봉조(汪鳳藻)에게 비밀리 밀지를 보내, 참찬관(參贊官) 류경분(劉慶汾)으로 하여금 여러 차례 시바우라(芝浦) 해수욕장에 임시로 묵고 있는 김옥균을 방문하게 하였고, 또한 한인 홍종우와 함께 상하이로 불러 낼 계략을 강구하였다. 이보다 앞서 이경방(李經芳)이 일본공사로 부임하였을 때, 그는 김옥균과 친하게 지내며 서로 왕래하던 차에 이홍장의 뜻을 받아 상하이행을 설득하였다. 그리고 이경방이 중국으로 돌아간 후, 김옥균을 초청하는 편지를 왕봉조에게 보냈고, 왕봉조는 김옥균에게 전하고 나서, 류경분으로 하여금 김옥균의 회답도 왕봉조에게 보내게 해 이를 이경방에게 보냈다. 그로부터 김옥균은 심적으로 위험을 느끼면서도 청국으로 건너가, 이경방에게 부탁하여 이홍장을 만나 뜻하는 바를 이루고자 하였다. 일이 이렇게 되고 보니, 1894년 3월 10일 김옥균은 교토(京都), 오사카(大阪) 등지로 여행한다고 속이고, 돌연 서생 와다 엔지로(和田延次郎) 및 홍종우, 오보인(吳葆仁, 청국공사관 서기)과 함께 도쿄를 떠나 오사카로 향했다. 김옥균 일행이 오사카에 도착하자 이일직은 홍종우를 불러 은밀하게 말하길 "김

옥균과 함께 상하이로 건너가 배가 도착한 때가 한밤중이라면 동화양행(東和洋行)으로 가는 길에 총 쏴 죽이고, 만일 한낮일 경우 동화양행에 투숙해 머무는 방이 3층이면 마찬가지로 총을 쏘고, 그렇지 않고 1층이나 2층에 머물 땐 칼로 죽여 어느 쪽이든 머리를 베어 가방에 넣어 도주하여야 한다. 그렇지만 만일 위급할 시에는 임기응변으로 처리해도 상관없다"고 하였다. 그 말과 동시에 살해할 때 필요한 단도, 총 및 흉기를 숨기기 위한 조선옷을 주었다. 그리하여 23일 김옥균 일행은 상하이행 준비를 한 다음 사이쿄마루(西京丸)를 타고 고베(神戸)를 출발하여, 도중에 나카사키(長崎)를 들른 뒤 27일 상하이에 도착, 미국 조계지인 철마로(鐵馬路)에 있는 동화양행에 가서 김옥균은 2층 1호실, 오보인은 2호실, 홍종우는 3호실에 각각 투숙하였다. 다음 날 28일 김옥균은 항해 중에 얻은 피로를 풀기 위해 침대에 편안히 누워 서생 와다에게 밖에 나갈 채비를 하게 하였다. 이 때 김옥균의 충복으로 가장한 홍종우는 갑자기 자객의 본색을 드러내며 절호의 기회를 놓치지 않으려는 듯 권총을 꺼내 쏘니 김옥균의 왼쪽 뺨을 지나 머리 뒷부분을 관통하였다. 김옥균은 있는 힘을 다해 일어나 문을 열고 나가려고 하였지만 끝내 쓰러지고, 홍종우는 다시금 김옥균의 머리와 배 부분을 난사하니 안타까움만 더할 뿐, 그는 천고미료(千古未了, 오랜 세월 동안 마치지 못한)한 뜻을 이루고자 하였으나 허무하게 상하이(春申) 선창에 한 방울 이슬이 되어 떠나버렸다.

오호라, 김옥균은 조선반도의 풍운아였다. 그는 조국을 위해 쇠약해진 힘을 만회하려고 책략을 세웠고, 한 번의 실패로 조선 땅을 떠나 일본에 흘러 들어왔지만 국운 회복의 뜻을 하루도 잊은 적이 없었다. 적국의 술책을 뻔히 알면서도 오랜 숙원을 이루려고 하였으며 이른바 호랑이 굴에 들어가 호랑이 새끼를 얻으려는 생각으로 이홍장 부자를 이용하길 바랐지만 마침내 그 함정에 빠져 비참한 최후를 맞이하고 말았으니, 이 어찌 영원히 한스러운 일이 아니겠는가. 나는 김옥균을 위해 눈물을 흘리지 않고자 하나 그 역시 할 수 없구나.

3. 김옥균 시체 처리 문제와 들끓는 국론

김옥균 횡사 소식이 한차례 일본에 전해지자, 일본 국민의 분개와 동정은 흡연히(翕然, 대중의 뜻이 하나로 쏠리는 정도가 대단하게) 한꺼번에 모이고, 그의 지인이나 친구들은 김옥균의 선후책을 강구하기 위해 김씨우인회(金氏友人會)를 결성, 사무실을 고순샤(交詢社)에 설치하여 먼저 제 1 요건으로 김옥균 시체를 일본으로 인도할 것을 결의하고, 사이토 신이치로(斎藤新一郞)를 상하이에 파견하였다. 오카모토 류노스케 또한 사태의 심각성을 깨닫고 그와 함께 출발하였다. 그러나 오카모토와 사이토가 상하이에 도착해 보니, 김옥균의 유체는 김옥균과 동행했던 서생 와다 엔지로에 의해 수습된 후, 일본에 송환하려고 각국의 공동 선착장에 두었지만, 이게 어찌된 영문인지 청국 관헌들의 폭력으로 김옥균의 시체를 빼앗아 청국 군함 위원호(威遠號)에 실어 자객 홍종우와 함께 조선에 보낸 뒤였다.

이리하여 오카모토는 오코시(大越) 상하이 영사와 교섭하고 각국 영사의 결의를 얻어 김옥균의 시체에 대한 참형을 하지 말아야 한다는 희망을 청, 한 양국 정부에 보냈다. 또한 김씨우인회에서는 오이 겐타로(大井憲太郎)[14], 미야케 효조(三宅豹三), 이시이 마코토(石井信) 일행을 외무성에 보내 김옥균은 한 때 일본법권 보호 하에 있던 자이므로 그 시체는 마땅히 일본에 돌려보내길 조선정부에 교섭할 것을 건의하였으나 답신이 없었다. 이에 김씨우인회는 김옥균의 시체와 그 외 유품을 찾을 길 없이 다만 쓸쓸한 위령비만을 세워 아사쿠사(浅草)에 있는 혼간지(本願寺)에서 장엄한 추도회를 열고, 그 후 아오야마(青山) 묘지에 매장하였다.

---

14) 1843-1922, 일본 정치가, 사회운동가이며 자유민권 운동가. 1885년 조선의 내정개혁을 기도하여 오사카 사건(大阪事件)을 일으켜 체포, 재판소에서 금고 9년이란 판결을 받았다.

이렇게 조선에 보내어진 김옥균의 시체는 4월 14일 양화진에서 능지처참당해, 그 머리와 사지는 옥문(獄門)에 매달리고, 나머진 길거리에 내버려졌다. 또한 효수된 머리 왼쪽 옆에는 한 척 정도의 푯말을 세워 〈모반대역부도죄인 김옥균, 오늘 양화진 어귀에서 부대시(不待時, 때를 가리지 않고 사형을 집행하던 일. 원래 봄, 여름철에는 사형 집행을 중지하고 가을철까지 기다리던 것이 원칙이나, 십악대죄 등 중죄를 범한 죄인은 그대로 집행하였음) 능지처참하다〉라고 쓰여 있었다. 그 잔인무도한 모습은 이루 표현할 수 없었다. 그러나 당시 이홍장은 홍종우 신상에 관한 조사상 번거로움을 피하라는 훈령을 전보로 보내고, 또한 축하 전보를 조선 국왕과 홍콩에 있는 민영익에게 보낸 것과 같은, 그리고 조선 정부는 홍종우가 김옥균을 살해한 공덕을 치하하여 중요 요직과 상금을 수여한 것과 같은, 이러한 청과 한 양국이 국제법상 예법을 무시한 포학한 조치는 슬프게도 일본 국민의 공분을 자극하여 국론이 수습하기 어려울 정도로 들끓게 했다. 이리하여 때로는 대외 강경파의 문죄론(問罪論)이 되거나, 혹은 동학당을 도와 조선 강산을 호령하는 천우협(天佑狹)이 되고, 더러는 대원군을 옹립하여 왕궁에 쳐들어가 전쟁의 기회를 촉진시키려는 지사 무리가 되더니, 마침내 청국을 정벌하여 정의의 깃발을 드높여 한국의 독립을 쟁취하자고 주장하기에 이르렀다. 그 후 10년이 지난 1904년 일러 전쟁이 발발하여 백만의 용맹한 병사가 바다를 건너 러시아를 만주 평원에서 몰아내고 오늘날 일한 병합하여 조선 팔도강산에 일본 천황의 은혜가 비치지 않은 곳이 없고, 국방과 정치의 근본을 일본과 일치하여 동방평화의 기초를 수립할 수 있었던 것은 황운(皇運)의 융성함에 비롯되었다고는 하나, 어찌 김옥균의 한 방울 선혈이 전하는 바에 있어서 아무런 힘이 되지 않았다고 말할 수 있겠는가. 그렇게 본다면 김옥균의 죽음은 헛된 죽음이 아니다. 이를 동방평화의 희생자로 말하는 것도 결코 과언이 아니리라.

아오야마(青山) 묘지에 있는 김옥균의 묘는, 상하이에서 횡사 당시 일본에 있던 친한 벗이나 동지에 의해 매장된 것이며, 혼고(本鄉) 고마고메(駒込) 신조지(眞淨寺)에 있는 분묘는 가이 군지가 건립한 것이다. 그리고 조선에 있는 묘는 김옥균의 양자 김영진(金英鎭)이 어머니의 희망에 따라 도쿄에 가서 오쿠마 시게노부(大隈重信), 도야마 미쓰루(頭山滿)와 상의하여, 1911년 아오야마 묘지에 묻혀있던 머리카락 일부를 가져와 일청 전쟁 당시 처음 교전장이였던 아산에 다시 매장한 것이다. 그러던 것이 1914년 김옥균의 미망인 유 씨 부인이 병으로 죽자 김옥균 묘에 합장하였다고 한다.

김옥균

부록

명사(名士)의
실화와 회고담

이누카이 쓰요시(**犬養毅**)[15] 씨 회고

고(故) 김옥균 씨를 회고하며 말하자면, 첫 번째로 김 씨의 정치상 과업, 두 번째로 그의 학문과 수양, 세 번째로 그의 취미로 나누어 이야기해 보고자 한다.

1. 정치상 과업

김 씨의 생애를 정치적 관점에서 말하자면, 그는 조선의 쇠퇴를 회복 및 개혁하여 조선의 독립을 꾀하려고 일생을 고심한 사람이다. 그는 1884년에 있었던 갑신정변이 실패한 후 일본에 망명하였으나, 그 망명도 순조로웠던 것은 아니다. 충분히 일본 정부당국자와 교섭에 교섭을 거듭한 결과였다는 점은 상상하기 어렵지 않다. 그러나 김 씨가 일본 당국을 신뢰하여 마침내 일본에 와보니, 예상한 바와 달리 일본 정부의 그에 대한 대우는 매우 냉담하기 짝이 없었다. 특히 당시 외무대신 이노우에 가오루와 같은 자는 김 씨가 몇 번이나 방문해도 만

---

15) 1855-1932, 메이지, 다이쇼 시대 정당정치가, 게이오(**慶応**) 대학 재학 때 부터 〈유빈호치(**郵便報知**)〉 신문기자로 활약. 1884년 입헌개진당(**立憲 改進党**) 결성에 참가, 1890년 제 1회 총선거에서 당선한 이후 암살될 때 까지 연속으로 당선됨.

나주지 않아 그 때마다 그는 매우 분개하며 일본의 배신을 개탄해 하곤 했었다. 그는 너무나 분개한 나머지 1884년 갑신정변 전말을 자세히 썼는데, 그것으로 인해 이노우에 가오루 씨와 충돌, 일본이 끝까지 배신적 행동으로 나온다면 나는 다만 이것을 만천하에 공표하여 일본 정부에 보복할 뿐이라고 말하며 위협한 적이 있었다. 그러한 일이 있은 후, 정부는 김 씨를 꺼리는 일이 점차 심해져, 그를 오가사와라 섬으로 유배시키거나 잇따라 홋카이도 어느 외진 곳에 한해서만 주거를 허락하게 된 것도, 그 주된 원인은 여기에 있다. 정부의 주장에 의하면, 김 씨는 정치범이기에 그를 일본에서 보호하게 된다면 조선과의 외교상 원활하지 않은 결과를 초래한다는 것이 표면상의 이유이나, 사실 이노우에 외무대신은 김 씨가 정변 전말을 공표하는 것을 두려워하여 그를 유배 형벌과 마찬가지인 곤경에 처했던 것이라 생각된다.

그 후 조선 개혁의 필요성은 하루가 다르게 긴박해 가고 지금 당장 개혁을 단행하지 않는다면 조선은 머지않아 멸망을 피할 수 없는 상황이 닥치기 때문에, 김 씨의 초조함은 이만저만이 아니었다. 경우에 따라서는 러시아의 힘을 빌려서라도 개혁을 행하려는 생각을 가지게 되었다. 김 씨로서는 어쩌면 당연한 사정이었겠지만, 우리 일본은 만일 그렇게 된다면 분명 러시아에 합병되어 버릴 것이기에 그런 위험한 일을 해서는 안된다고 말하며 적극적으로 그의 생각을 말렸다. 그 이유에선지 그는 결국 러시아에 의뢰하는 것까지 이르진 않았지만, 그는 우리 재야(在野) 사람들이 어떠한 압력을 가해도 일본 정부가 이러한 냉담 아니 오히려 잔혹이라고 말해도 좋을 태도로는 그 힘을 빌려 조선 개혁을 단행하려는 일이 사실상 불가능하다는 것을 일찍부터 깨닫고, 실망은 물론이거니와 번민 또한 매우 컸다. 그 결과 청국 이홍장의 힘을 빌려서라도 할 수 있다면 오래 전부터 품어온 뜻을 이루고 싶다는 초조함에 이르니, 마침내 이홍장에게 편지를 보내 결국 상하이로 가게 되었다. 김 씨의 입장에서 본다면 그러한 초조함과 번민은 당연하겠으나, 나는 여기에도 크게 반대하며 상하이행의 위험성을 설명하고 그의 생각을 말리려고 애썼지만, 그는 완고하게 나의 말을 듣지 않고 어떠한 위험을 무릅쓰고서라도 하루 빨리 개혁을 하지 않으면 안된다고 말하며 끝끝내 상하이에 가게 되었고 슬픈 최후를 마쳤던 것이다.

나는 김 씨의 뜻을 생각하며 그 비장함에 눈물을 금할 수 없고, 그것과 동시에 정부당국의 외교에 관한 애매한 태도가 예나 지금이나 변함없는 것에 분개하지 않을 수 없다.

2. 학문과 수양

 김 씨의 학문과 수양에 있어 그 바탕은 유교에 있지 않고 불
교에 있었다. 즉 그의 학문은 선학(禪學)이었고 그 수양도 선
(禪)에 의한 것이었다. 그러므로 그는 온종일 불교서적을 애독
하였고, 유교서적은 전혀 읽지 않고 오히려 싫어하였다. 그는
일찍이 내게 "일본의 각 번(藩, 에도 시대, 다이묘가 다스리는 영지나
그 통치조직)의 형편을 보니, 유교를 착실하게 실행한 번(藩)인만
큼 형식에 치중되어 모든 일이 심히 갑갑하기만 하다"고 말한
적이 있다. 이러한 점에서 추측해 보건데, 그는 유교를 형식적
인 가르침이라고 생각하는 것 같아 나와는 크게 이론의 여지
가 있지만, 그러한 생각에서인지 그는 자주 내게 선(禪)을 권하
였다. 그러나 나는 그 자리에서 거절하며, 나는 선(禪)을 배우
지 않아도 훌륭히 안심입명(安心立命, 천명을 깨닫고 생사이해를 초월
하여 마음의 평안을 얻음)할 수 있으니, 이제 와서 그런 그릇된 길
로 갈 필요는 없다고 말하고 비웃은 적이 있다. 그랬더니 그는
내가 부탁도 하지 않았는데 액자를 써서 건네주었다, 그 액자
는 바로 "구슬을 공중에 던진 것과 같이, 위엄 있게 땅을 밟는
것과 비슷하다(如珠擲空似稜踢地)"라는 선구(禪句)를 쓴 것
으로, 그 옆에는 "고균은 항상 즐겨 선을 말하고, 벗인 목당(木
堂, 이누카이 쓰요시의 호)은 때로 이를 논하며 꾸짖어 웃는구나.

고균은 항상 선을 말하길 좋아하고, 그 친구인 목당은 때때로 이를 반박하고 비웃는구나, 고균이 이에 선구 하나를 써 주니, 목당이 뜻을 헤아려 보기를 청하노라(古筠子常好說禪, 其友木堂子時有辯論之譏笑之, 古筠遂書禪句一則, 而寄之, 試請本堂一擧着)"라고 쓰여 있었다. 요컨대 그는 선학을 상당히 수양한 사람이다. 그러나 그는 참선에 심취한 것이 아닌, 선학을 연구하는 사람이었다.

3. 취미와 기예

취미 분야에서 본다면, 그는 꽤 여러 취미를 가진 사람이었다. 글을 잘 쓰고, 그림을 좋아하는, 조각물도 매우 애호하였다. 그 외 노는 것에는 승부사 기질이 있어서 일본에 온 이래 열심히 바둑을 연구하였는데 처음에는 다카하시 기네바부로(高橋杵三朗) 씨에게 배우더니 차례로 혼인보 슈에이(本因坊秀栄)나 다무라(田村) 5단과 같은 명인의 지도를 받아, 마침내 초보에서 벗어난 기량을 발휘하게 되었다. 또한 조선에서 유행한 11종의 도박도 전부 알고 있어 그의 아버지 유산인 10여 만원을 전부 탕진해 버린 적이 있다고 스스로 말할 정도였으니, 그만큼 도박을 좋아했고, 동시에 열심히 배운 사람이이었다. 게다가 무엇이든 재주가 있는 사람인지라 일본어도 매우 잘하였는데, 어느 날 나와 김 씨 둘이서 일본철도회사 사장이었던 오노 기신(小野義真) 씨를 방문한 적이 있다. 그 때 김 씨가 능숙하게 세상 돌아가는 이야기를 연신 떠들어 댄 것에 반해서, 나는 그러한 일에 극히 무뚝뚝한 편이라 오노 씨는 나와 김 씨를 잘못 알고, 나를 향해 "자네는 상당히 일본어를 잘한다"고 연신 칭찬하며 나를 조선인으로 착각한 적이 있으니 그 정도로 김 씨의 일본어 실력은 대단하였다.

또한 김 씨는 글 솜씨가 매우 뛰어났다. 그 중에서 가장 훌륭한 것은 세해(細楷, 가늘고 단정한 느낌이 나는 해서체)였다. 나는 그가 너무나도 세해에 뛰어나, 어떻게 해서 이렇듯 훌륭하게 쓸 수 있는가 라고 물어보았더니, 조선에서는 국왕이 승하하면 위패에 그 왕이 일생 동안 행한 치적을 가늘고 자세히 쓰게 되어 있다. 그래서 한 글자라도 잘못 쓰면 사형에 처하게 되어 있는 고로, 그 명을 받은 사람은 세심하게 붓쓰는 연습을 하니 그 결과 자연히 글자를 살 쓰게 되었다고 했다. 김 씨도 한번은 그 임무를 맡았기에 몇 주 동안 방 안에 틀어박혀 가는 글씨를 연습한 적이 있어 그 결과 이와 같이 되었다고 말했다. 그의 행서(行書, 해서(楷書)와 초서(草書)의 중간이 되는 것으로 획을 조금 흘려서 씀)와 같은 서체도 그 해서(楷書)의 여력에서 나온 것으로, 이 또한 매우 훌륭하였다. 다만 그는 결코 큰 글자를 쓰지 않았는데 그것은 연습한 적이 없기 때문이라 말하였다. 그는 또

전각(篆刻)도 하였다. 그 자신이 사용하던 인장(印章)은 그 스스로 조각한 것이다. 그는 본인보 가문의 인장을 새겨 준 적이 있었는데, 솜씨가 매우 훌륭한 것이었다.

요컨대 김 씨는 그 재략이나 식견에 있어서 아마도 조선 제일의 인물이었으나 그의 뜻은 실현되지 못한 채, 호상(滬上, 상하이)에서 한 방울 선혈로 사라져 간 것은 아쉽고도 너무나 아쉬운 일이었다.

▶ 오호라 김옥균 –
도야마 미쓰루(頭山滿)[16] 씨 회고

　내가 처음 김옥균과 고베(神戶)에서 만난 것은 30세의 일로, 그는 3, 4살 연상이었으나 서로 이야기를 주고받는 동안, 그가 매우 재능있는 사람이라는 것과 방약무인인 점이 있긴 하나 드물게 뛰어난 사람이라는 것을 알 수 있었다. 그래서 나는 기꺼이 도움을 주고자 결심하였지만, 그러기에는 돈을 조달하지 않으면 안되었기에 일단 후쿠오카(福岡)로 돌아갔다 다시 교토(京都)에 와보니 혈기 왕성한 사람들이 내일이 멀다하고 여관에 모여들어 어떻게든 도와달라고 하며 찾아 왔다. 그러나 당시 게이한(京阪, 교토와 오사카)에서는 오이 겐타로(大井憲太郎) 일행의 조선개혁 계획을 알아챈 경찰이 지금 당장이라도 일망타진하여 잡아들이려는 기세라 실로 매우 위험천만할 상황이었기 때문에 괜히 그 사건에 관여했다간 그거야말로 어찌해볼 도리 없이 애초의 목적도 수행할 수 없어, 이 기회에 행방

---

16) 1855-1944, 메이지부터 쇼와에 걸친 국가주의자. 1879년 오사카에 있던 애국사(愛国社) 재흥대회에서 민권정사(民権政社), 향양사(向陽社)를 결성하고, 1881년 현양사(玄洋社) 설치. 그리고 1890년 오쿠마 시게노부의 조약개정안에 반대운동을 전개하면서 민권주의에서 국권주의로 전환. 한편 정부 방침에 반대하여 김옥균, 손문, 비하리 보스 등 조선, 중국, 인도의 독립파나 혁명파 망명원조활동을 하면서 아시아주의자로서 일면을 보였다.

을 감춰 잠시 관망하는 것이 좋으리라 생각하였다. 그리고 나는 혈기에 날뛰어 일을 서두르면 자칫 뜻밖의 변을 당할 수 있다고 김옥균을 비롯해 다른 사람들을 타이르고 나서, 마토노 한스케(的野半介)[17] 일행이 분개하는 것을 뒤도 보지 않고 한동안 고향에 내려갔다.

무슨 일을 하든 간에 제일 먼저 필요한 것이 돈이니, 하물며 김옥균과 같이 조국 정부를 쓰러뜨려 국가를 태산처럼 든든하게 하려는 원대한 계획을 품고 있는 자는 돈이 있으면 있는 만큼 더욱 일이 생기는 법이라, 김옥균이 돈을 필요로 하는 것은 당연하였다. 그런 까닭에 때로는 일확천금을 꿈꾸며, 우리들에게 돈을 빌려 투자를 해 군자금을 조달하고자 하였다. 때마침 1890년은 쌀 가격 폭등으로 정부가 구제하지 않으면 빈민은 도저히 쌀을 살 수 없었던 시기였다. 김옥균은 나를 찾아와서 2만원을 변통해 달라고 말했다. 그리고 지금 만일 쌀을 사두면 이내 2, 30만원의 돈을 손에 넣을 수 있다며 호언장담하였다. 나 역시 크게 찬성하며 흔쾌히 승낙하였지만 막상 여유돈이 있을 리 없었다. 즉시 소에지마 다네오미(副島種臣)와 미

---

17) 1858 - 1917, 메이지, 다이쇼 시대 정치가. 현양사의 사원으로 자유당에 입당. 1908년 중의원 의원, 규슈(九州) 일보 사장 등을 역임했다.

우라 고로(三浦悟樓)[18]에게 부탁해 보니, 미우라는 2, 3천원은 있으나 나머지 돈은 쉽사리 마련할 수 없다 하여 어찌 해볼 도리가 없었다. 더욱이 두 사람에게 보증을 서게 해서 높은 이자의 돈이라도 빌릴까 하는 생각으로 돌아와서 이를 김옥균에게 말하자, "2천원이라도 좋았을 것을 자네는 왜 거절하였느냐"고 칙살맞게 말하기에 결국 그대로 흐지부지되고 말자, 이번에는 다시 고토 쇼지로에 부탁해서 백만 원을 만들어 달라고 하였다. 그것은 내가 소유하고 있던 탄광을 미쓰미시(三菱)에 팔려는 것을 염두한 것으로, 고토도 대찬성하여 몸소 후쿠자와 유키치에게 이와사키(岩崎)를 설득하게 하거나 야기하라 시게토미(八木原繁祉)에게 온갖 변통을 다 해봤으나 이것도 결국 불발로 그치고 말았다. 이 때 만일 돈을 조달할 수 있었다면 좀 더 훌륭한 일을 시작할 수 있었을 텐데, 어쨌든 유감스러운 일이었다. 그렇게 시간이 흐르는 사이 김옥균의 주변에는 자객이 밤낮으로 그의 목숨을 노려 그의 활동은 점점 좁아지게 되고, 일본정부는 조선정부와 타협하여 자객 퇴거를 요구하는 것과

---

18) 1847-1926, 군인, 정치가. 막부(幕府) 타도운동에 참여하고, 메이지유신 후 신정부의 군인이 되었다. 1878년 육군중장, 1888년 예편 후 1890년에 귀족원 의원, 1895년 주한공사로서 조선에 부임한 그는 10월 8일 새벽 러시아 세력을 몰아내기 위하여 일본군과 경찰 및 낭인들을 동원하여 명성황후를 시해하고 그 시신을 불태우는 국제적 범죄를 저질렀다.

함께 김옥균에게 일본에서 퇴거하라고 명령하였기 때문에, 그는 한동안 오가사와라 섬에 유배당하거나 혹은 재차 홋카이도를 유랑하면서 철저히 와신상담(臥薪嘗膽)의 괴로움을 맛보았다. 그가 다시 도쿄에 돌아올 때에는 조선의 자주독립이란 목적을 수행함에 있어 하고자 하는 일이 이만저만 아니었다. 그도 그럴 것이 그가 일본에 온 지도 벌써 10년이 다 되어 가는데 무엇 하나 제대로 된 게 없으니 무리도 아니었다. 나도 그가 뜻하는 바를 모르는 바는 아니나 여전히 시기가 오지 않았다고 생각해 쉽게 움직일 수 없었다. 그 탓에 그는 나를 격려할 요량으로 "지금 자네가 좀 더 움직인다면 꽤 일을 할 수 있을 텐데"라고 말해, 나는 웃으며 대답해 말하길 "그 쪽에서 나를 보면 자못 어리석은 사람처럼 보이겠지만 내 쪽에서 자네를 보면 이상하리만치 똑똑한 녀석으로 밖에 생각되지 않네"라고 반격하자 "아니, 무슨 인사가 그러한가?"라고 답하며 쓴웃음을 지었다. 그러한 와중에도 나는 그의 신변을 걱정하지 않을 수 없어 오이시 구라노스케(大石内蔵之助)[19]가 교토에서 기라(吉

---

19) 1659-1703, 아사노 가문의 가로(家老)이며, 추신구라(忠臣蔵)의 주역. 1701년 아코번(赤穂藩) 번주인 아사노 나가노리(浅野長矩)가 기라 요시히사(吉良義央)와의 사소한 다툼으로 할복하여 영지가 몰수되자, 무사 46명과 함께 주군의 원수를 갚기 위해 기라 요시히사를 죽인 후, 모두가 할복 자살하였다.

良)의 첩자를 방심시킨 고사(故事)를 인용하며, 평소에 갖던 우국적 행위를 완전히 버리고 될 수 있는 한 바보 흉내를 내도록 그에게 권했다. 그 후 그의 태도는 일변하더니 얼마 안 있어 유라쿠초(有楽町)에 있는 여관 고구레(小暮)에서 거의 매일 시바우라(芝浦) 바다로 수영하러 가거나 기생놀이(柳暗花明)에 방황하였으나 자객의 손에서 벗어나기까지는 교묘히 바꿀 수 없었던지 결국 이일직, 홍종우라는 두 명의 자객과 친하게 어울리게 되었다.

내가 자객 이일직과 만난 것은 쓰키지(築地) 해변에 있는 집으로, 그는 조선풍의 갓을 쓰고 들어왔기에 '저 놈 무례하기 이를 데 없군'하고 생각하던 차에 함께 왔던 박영효가 여러 변명을 했음에도 불구하고 결국 상대하지 않았다. 홍종우는 아라오 세이(荒尾精)의 소개로 만났지만, 이 두 사람이 어느 샌가 김옥균에게 환심을 사 마치 십년지기처럼 하는 모양새가 아무래도 보통 인물이 아닌 것 같아 넌지시 김옥균을 향해 "잘 모르면서 함부로 교제를 계속하게 된다면 지금까지 쌓아올린 노력이 한꺼번에 없어질 수가 있어"라고 주의시켰더니 과연 배짱이 센 그도 어렴풋이 느끼고 있었던지 "나도 그렇게 생각하고 있으나 이제 와서 별 도리가 없지. 호랑이 굴에 들어가지 않고는 호랑이 새끼를 얻을 수 없네. 하늘이 우리들을 거저 세상에 태어나게만 해 줄 리는 만무하니까"라며 스스로 위로하는 듯한 목소리로 말하더니 결국 홍종우의 감언이설에 속아 상하이에 가기 위해 도쿄를 출발하게 되었다. 홍종우가 김옥균에게 상하이 행을 종용한 것은 일찍이 일본에서 공사를 근무하였던 적이 있던 이경방의 편지로, 지나에 있는 이홍장의 힘을 빌려 다시 조선정부의 중요한 요직을 차지하려는 것이었지만, 나는 전혀 믿을 수가 없었다. 그러나 그는 오히려 나의 충고를 귀담아 듣지 않고 완강히 상하이 행을 주장하며 그 대신 적어도 오사카까지 동행해 줄 것을 부탁하였지만 공교롭게 여비 사정이 좋지 않아 거절하자, 그는 그 자리에서 2백 원 가량의 돈을 가지고 와 모든 것을 해결해 주었기 때문에, 김옥균과 나는 1894년 3월 하순 도쿄를 출발해서 오사카로 갔다. 그 때 김옥균은 "이경방에게 뭔가 선물을 가지고 가고 싶은데 아무 것도 없으니 자네 집안의 가보인 칼을 주게"라고 부탁하였다. 하지만 그 칼은 산조 고카지(三條小鍛冶)가 만든 뛰어난 물건으로 줄 수가 없어 딱 잘라 거절하자, 김옥균은 더욱 달라고 조르기에 내가 "줄 수 없다고 두 번 말하지 않겠네. 그렇게까지 갖고 싶다면 훔쳐 가져가면 어떤가?"라고 말하자, 그는 "그렇다면 훔쳐서라도 가져가야겠군"라고 하더니 이중 상자를 만들지 않나, 비단 보자기를 마련하지 않나 큰 소동을 피우고 나서 가지고 갔다. 그로부터 또다시 출발하기 앞서 그는 점차 자신에게 다가오는 위험을 느꼈던지, 만일 노자키(野崎, 당시 내 휘하에 있는 인력거꾼으로 고향에서 데리고 온 죽음을 두려워하지 않는 남자)라도 있다면 빌려 가고 싶다고 말할 정도였다. 그러나 유감스럽게도 그 남자도 데려가지 못하고, 이경방에게 선물할 칼조차 자신의 몸을 지키는데 사용하지 못한 채 비참한 죽음을 맞이하였다. 오호라 그가 죽은지도 어언 23년. 그 후 조선은 숱한 국란을 겪으며 이리저리 휩쓸리고 이제는 일본의 영토가 되었으니 그 나쁜 전례를 만든 자는 당시 친일파 거두 김옥균 그 사람이었던 것이다.

▶▶ 김옥균 씨와 오카모토 류노스케 –
오카모토 히로코(岡本恕子, 오카모토 류노스케 미망인) 회고

김옥균 씨와 남편 오카모토는 오랜 기간 교제한 사이였습니다만, 제가 그를 뵌 것은 1890년경으로 그가 홋카이도 유배 생활에서 얻은 병으로 심하게 앓고 있었을 때, 오카모토가 걱정한 나머지 당시 야마다(山田) 사법대신에게 간청하여 귀경을 허가받아 도쿄로 돌아왔을 때가 처음이었습니다. 그 뒤로 오카모토가 아카사카(赤坂) 히노키초(檜町)에 있었을 때, 김 씨는 아마도 고지마치(麴町) 유라쿠초(有楽町)에 계셨던 관계로 자주 놀러 오셨습니다. 정원에 있던 감복숭아와 자두가 맛있다고 말씀하시며 그것을 안주삼아 맥주를 마시고 밤늦게 돌아가신 적이 종종 있었습니다. 그리고 상하이에 가서 우후(蕪湖, 중국 안후이 성〈安徽省〉 동부 양쯔 강〈揚子江〉 동쪽 기슭에 있는 항구 도시) 방면으로 가시는 것에 관해 오카모토와 상담하신 적이 있었던 것 같습니다. 자세한 사정은 잘 모르겠습니다만 무슨 일인지 남편과 한나절이나 격론하시더니 그 때에는 단념한 듯한 말씀으로 돌아가셨으나, 2, 3일 지나 오카모토가 김 씨를 방문했을 때에는 집에 계시지 않아 만나 뵙지 못했다고 합니다. 그런데 얼마 후 신문에서 마침내 김 씨가 상하이를 향해 나가사키

(長崎)를 출발했다는 기사를 보더니, 오카모토는 "아아, 결국 가버렸으니 김옥균은 죽는구나"라고 말하며 매우 걱정하였습니다. 물론 도쿄를 떠나셨을 때에는 소식이 없어 알지 못했습니다. 때마침 제 여동생이 중병에 걸려 26일 세상을 떠난 관계로 친정집에 간 뒤, 호외로 김 씨의 흉보를 알게 되어 깜짝 놀랐습니다. 저는 오카모토가 말한 것을 떠올리며 어째서 그를 말릴 수 없었을까 하며 참으로 애석한 마음에 눈물이 났습니다. 하필이면 같은 시기에 여동생의 죽음과 김 씨의 죽음이 있던 그 때의 일은 지금도 잊을 수 없습니다. 오랜 지인으로 무슨 일이라도 서로 상담하며 격의없이 지냈는데, 운명은 어찌할 도리가 없는가 봅니다. 그 후 오카모토가 김 씨의 특사(特赦) 명을 받아 조선으로 건너가 미망인을 만나게 된 것은, 자세한 사정은 모릅니다만 오카모토가 특사를 부탁한 것과 관련해서 일본공사나 대원군, 김홍집 등과 누차 회합한 사실은 알고 있었습니다. 제가 김 씨 미망인을 찾아 간 것은 1895년 6월경 마을 이름은 잊어버렸습니다만, 남대문 밖 경성이라 해도 시골 벽촌이라고 해야 할 곳으로, 작은 조선식 가옥에서 옥양목(생목보다 발이 고운 무명, 하얀 빛깔) 빛깔의 옷을 입으신 47, 8세의 미망인이 당시 20세가량의 따님과 함께 외로이 살면서 하인도 없이 힘든 생활을 하고 계셨습니다. 저는 오카모토와 통역인 스즈키 준겐(鈴木順見) 씨 이렇게 세 사람이 방문하였습니다만

부인은 매우 기뻐하며 여러 가지 신경 써 주시면서 조선식 소면을 대접해 주었습니다. 김 씨 망명 후 비참한 이야기나 따님에게 양자가 생긴 이야기 등을 말씀해 주셨는데 상당히 차분하고 견실한 분이었습니다. 어쨌든 말이 통하지 않았기에 세세한 이야기는 하지도 못하고 헤어졌습니다. 따님은 하얀 피부에 몸집이 큰 단아한 분으로, 얼굴은 아버지를 닮아 있었습니다. 조선 분들과는 꽤 많이 알고 지냅니다만 김옥균 씨는 제가 병으로 이미 가망이 없을 때, 스루가다이(駿河臺)에 있는 사사키(佐々木) 병원에 입원한 적이 있다면서 저에게도 꼭 입원하라고 말씀하시며 데려 가셨는데, 그 덕분에 목숨을 건지게 되었습니다. 그 일로 더욱 더 각별한 사이로 지내게 되었고 여러 가지 인상이 남아 있어 슬픈 마음만 깊을 따름입니다.

▶▶ 김 씨의 위패를 미망인에게 보내다 -
고가네이 곤자부로(小金井權三郎) 씨 회고

　김옥균이 조선 정부로부터 특사의 명이 있자 후쿠자와 유키치 씨는 당시 국회의원(代議士)이었던 문하생 고가네이 곤자부로(小金井權三郎)의 도한(渡韓)을 기해, 그에게 김 씨의 위패를 김 씨 유족에게 보내주길 부탁했다. 따라서 편자(編者)는 당시 상황을 묻고자 고가네이 씨를 방문하니 그는 흔쾌히 당시의 전말을 말해 주었다. 현재 그 담화의 개요는 당시 평등신문(平等新聞)에 자세히 나와 있으며 지금 그 발췌한 것을 다음과 같이 게재하기로 한다.

　"세상 난리가 그 사람을 죽이니(亂離殺其人) 온 조정의 고관대작이 기뻐하며 자족하는구나(而滿朝之貂禪恬然自得). 천 겹의 구름이 산을 둘러싸니 수심도 천 겹이고(千疊雲山千疊愁). 온 하늘에 달이 밝아 한(恨) 또한 가득하구나(一天明月一天恨)"

　지금에 이르러 망우(亡友) 김옥균 씨의 횡사를 추도함에 여전히 슬픈 마음 가눌 길 없다. 하물며 그의 유족이 있는 변란의 땅을 방문해 면전운수(面前雲樹, 눈 앞의 구름과 나무는 변함이 없거늘) 격세지감(隔世之感)을 미망인에게 전달함에 있어서야 더할 나위 있겠는가. 때는 1895년 5월 10일 김 씨 미망인이 사는 경성 전동(典洞)거리 유진근(兪鎭瑾)의 집에 방문하였는데, 집은 미망인의 친정으로 주인 유 씨는 그녀의 친동생이다. 그리고 당일 회담 자리에 참석한 사람은 유진근과 그의 아들 유상준(兪商濬) 및 포공(砲工) 국장 유혁노(柳赫魯), 내 통역자인 스즈키 준켄(鈴木順見) 등으로, 미망인은 그녀의 딸과 동행하였다. 모녀는 둘 다 당시 내무대신인 박영효의 비호에 의지하여 이 집에서 매우 고된 일을 겪었다고 한다.

1. 모녀의 풍모

미망인은 금년 47세로, 키가 크고 피부가 거무스름하여 언뜻 보아도 그녀가 현명한 부인임을 알 수 있으나, 얼굴빛에 떠도는 초조함은 12년 간 떠돌며 숨어 지낸 모습임을 상상하기에 충분하다. 조선 관습상 부녀자가 이처럼 외국 남자를 마주 대하는 것은 좀처럼 없는 일로, 미망인은 처음 나를 만났음에도 불구하고 두려워하거나 머뭇거리는 모습 없이 말씨가 명석하고, 행동거지는 침착하니 진정 김옥균 씨 영규(令閨, 남을 높이어 그의 아내를 이르는 말)로 부끄러울 것이 없는 여장부였다. 그녀의 딸은 방년 29세, 맑은 눈동자에 새하얀 치아 그리고 몸은 가냘프고 피부는 희며 어머니를 닮아 키가 컸다. 또한 어머니에게 물려받았는지 그 기상도 굳세며 선천적으로 영리한 아름다운 처녀였다. 그리고 나와 미망인 두 사람이 대화할 때에는 항상 자신의 몸을 낮춰 어머니 뒤쪽에 가려 비스듬히 앉아 손님을 대하는, 그 초연하고 다정다한(多情多恨)한 모습(기자는 그 모습이 춘화추월〈春花秋月〉에 이를 바가 없다고 말한다)에는 비록 말은 하지 않았으나 느끼는 바가 컸다. 모녀의 생활은 매우 검소하여 오래된 하얀 옷도 몇 번인가 기우고 빨아 단정하게 입은 모습으로 다시 한 번 우아한 인품을 자아낸다. 살구나무의 가벼운 비단이 비로소 따뜻함에서 벗어났는데(杏子輕紗初脫暖), 배꽃 핀 깊은 뜰에 절로 바람이 잦구나(梨花深院自多風).

2. 미망인과의 대화

나는 미망인에게 천천히 말하길, 나는 후쿠자와 선생의 문하생으로 김옥균 씨와 친한 친구였다고 하였다. 후쿠자와 선생이 김 씨를 위해 애쓰신 친절은 감히 다른 사람이 흉내도 못낼 정도였으며, 또한 선생의 부인과 따님 그 외 다른 일가 모두가 김 씨를 보호하려는 것은 10년 동안 한결같았다. 그러므로 작년 3월 김 씨의 흉보가 갑자기 도쿄에 보도되자 선생 일가 사람들의 놀라움과 충격은 실로 대단하여 한 집안을 비탄에 빠뜨렸으니, 이내 위패를 만들고 불단을 세워 지성스럽게 추도회를 연 것은 마치 형제의 죽음을 애도하는 것과 같았고, 내가 일본을 떠나기 전, 즉 3월 28일은 김 씨가 죽은 지 일주기가 되는 날로 특별히 법회가 열리어, 나 또한 과거 그와 친구였던 까닭에 법회에 참석하게 되었다. 후쿠자와 선생의 김 씨에 대한 깊은 우위나 신뢰는 살아있을 때나 죽고 난 뒤에도 변함이 없었다. 선생의 애틋한 마음은 이것 하나만 보더라도 쉽게 헤아릴 수 있다. 내가 막 조선에 오려고 할 때, 선생은 나에게 이 김 씨의 위패 주고 부탁하며 말하길, "작년 김 씨가 흉변을 당한 보도를 접하고 난 이래, 그 지인들 중에는 그를 위해 추모하며 공양하려는 자가 틀림없이 많을 것이다. 그렇지만 가장 빨리 불단을 세워 위패를 모시고 불사(佛事)를 드린 것은 아마도 우리 집일 것이다. 그러니 만일 김 씨가 죽은 후에도 혼령이 있다면 꿈속의 넋이라도 자신이 그리워하던 곳에 반드시 위패가 있어야 한다. 다행히 나는 김 씨와 서로 친한 관계였기에 그의 조국에 가서 김 씨의 유족을 만나 내가 김 씨를 생각하는 마음을 전하고 이 위패를 친히 미망인에게 드려야 한다"고 하였다. 말이 미처 끝나기도 전에, 미망인은 나를 향해 "지금 후쿠자와 선생의 귀한 제자인 당신을 만나는 것은 마치 남편의 은인인 선생을 만나는 것과 같이 생각되며, 또한 죽은 남편의 친구인 귀하를 만나는 것 역시 죽은 남편을 만나는 것과 같

다"고 말했다. 그리고 두 눈에 가득 고인 뜨거운 눈물을 터뜨리며 오열하는 모습에 아무 말도 할 수 없었다. 좌중은 모두가 망연자실하며 조용히 눈물만 흘릴 뿐이었다. 넋이 있어 낙엽을 따르고(有魂隨落葉), 뼈가 없어 쪽진 머리카락만 뭉쳐 어울리네(無骨鎖連鬢). 누가 이런 비통한 모습을 참을 수 있으랴. 슬픈 불길은 변함없이 애틋함을 태우고(悲火常燒心曲). 수심 어린 구름은 항상 산봉우리를 살피는 걸 싫어할 뿐이다(愁雲頻厭省尖). 미망인이 만리의 관하(關河, 중국의 함곡관과 황하)에서 기러기가 날라 올 때마다, 서신이 오지 않아 슬퍼하며(萬里の關河鴻雁來る時信斷つを悲み). 가슴 가득한 수심이 흘러내려 두견새 울음 듣자 그가 돌아왔음을 알겠구나(満腔の愁緒子規啼く所人の帰るを憶う). 이를 생각하면 그 바람소리에 그리움이 일어나고 학의 울음소리에 마음이 동요하는 것 또한 당연하지 아니한가. 하물며 이 순간 죽은 남편의 위패가 일본에서 도착함에 있어서야. 다만 마냥 그렇게 있을 수만은 없었던지 김 씨 부인은 잠시 고개를 들어 흐르는 눈물을 닦으며 후쿠자와 선생이 죽은 남편을 위해 천복지재(天覆地載, 하늘을 뒤덮고, 땅을 떠받드는)같은 은의(恩誼)를 주신 것은 일찍이 자주 듣던 바, 무산(巫山, 무산지우〈巫山之雨〉이나 무산지몽〈巫山之夢〉으로 남녀의 정교를 뜻함)의 봉우리 높고 낮은데(巫山高. 巫山低). 남편은 돌아오지 않으니 비야 쓸쓸히 내리지 마라(莫雨蕭々郎不歸). 오늘도 빈

방을 홀로 지키는구나(空房獨守時). 비록 몸은 여기 고향에 있어도 혼은 언제나 도쿄 하늘에 떠도는구나. 오매불망(寤寐不忘) 전전반측(輾轉反側)이라, 어찌 감히 선생의 진심을 물리칠 수 있겠는가. 그리고 지금 또 귀하에게 죽은 남편의 생사(生死) 전후 사정을 자세히 들을 수 있게 되었으니 어찌 비통함을 견딜 수 있겠는가. 우리의 감정이 이내 깊은 혼란에 빠진 것을 부디 책망하지 말아 주시길. 이 몸은 정이 남아 있는데(此身爲有情), 또 어찌 죽음을 참으라 하는가(又何忍死耶). 남편이 살아 있을(所天在世) 때, 부족하나마 저의 딸이 남자였다면 저 멀고 험한 파도를 넘어 일본으로 건너 가 사려깊은 선생의 은의를 감사드리고 싶어도 여자의 허약한 몸으로 어떻게 생각하는 바를 전달할 수 있겠는가. 다만 마음만 공연히 안타까울 뿐. 더욱이 당시에는 조선의 변란이 횡행할 때라 한치 앞을 내다볼 수 없는 위험에 언제 제가 당할지 염려되어 바람에도 걱정하는 신세이다 보니 서간 또한 쓸 수가 없었고 이 변란 중에 겨우 목숨만 유지할 수 있었을 뿐. 언제고 편지를 보내 선생께 용서를 바라고자 하니 바라건대 귀하가 다행히 소첩의 심경을 헤아려 주셨기에 선생에게 대신 사과해 주오. 실은 후쿠자와 선생의 후의는 죽어도 잊을 수 없다고 떨어지는 눈물을 닦으면서 말하길 수차례. 선생의 마음에 깊게 감동한 듯 보였다.

　나는 이 말을 듣고 미망인을 위로하며 말하길, 지나간 일은 더 이상 생각해선 안되며 비탄하다 한들 무슨 소용이 있겠는가. 이 모두가 이른바 전생의 정해진 일이 아니겠는가. 스스로 마음의 위안을 주는 것 외에 방법이 없을 뿐. 그렇지만 다행히 조선도 이제 점차 국정 개혁의 시기를 만나 모든 일이 새롭게 변화되길 바라며 기다리면 된다. 그리고 사회개량의 급선무는 교육에 있다. 여자 교육의 필요성은 몇몇 인사도 의심하지 않은 바이니 이는 자연스레 힘이 커가지 않겠는가. 따님 역시 나이가 젊어 앞날이 창창하니 지금부터 자신의 뜻을 세워 도쿄로 유학을 떠나 훗날 조선여자교육의 선구자가 되었으면 하니 부인의 고견이 어떠한지 결정해 주시길 바란다. 다행히 이 일이 성사되면 비단 따님의 행복뿐만 아니라 하늘에 있을 남편 김옥균의 혼도 역시 편안하게 눈을 감을 것이다. 따님이 만일 도쿄에 유학가게 된다면 학비 같은 문제는 내게 여러 방법이 있으니 굳이 부인이 염려할 필요 없다. 누차 권유하니 미망인은 후의를 깊이 감사하며 삼가 귀하의 뜻은 알겠으나 일이 뜻대로 되지 않는 떠돌이 신세다 보니 후일 기회를 봐서 귀하의 뜻에 따르는 날도 있을 것이라 하며, 반은 그러할 마음이 있는 듯 혹은 반은 그러할 마음이 없는 듯 결정하지 못하는 사이에 대화를 마쳤다. 이제와 생각해 보면 미망인이 미처 마음을 정하지 않은 까닭은 첫째 김 씨가 죽은 지 아직 3년 상이 끝나지 않았다는 점. 둘째 떠돌이 생활에 더욱 더 나쁜 일이 생기지 않을까 염려한 점. 셋째 관습을 깨고 사랑하는 딸을 해외로 보내는 것이 인정상 견디기 힘든 점. 이것이 미망인이 미처 따님의 도쿄 유학을 결심할 수 없는 이유일 것이다. 이미 박영효는 중도에 실각하여 멀리 미국으로 도망갔으니, 김 씨 유족의 슬픈 처지를 생각할 여유가 없었구나. 깊은 정은 변해 돌이 섰고(幽情化而石立), 원망스런 바람은 맺혀 무덤이 푸르구나(怨風結而塚靑). 천고의 허전한 감정은(千古空閨之感), 기박한 운명에 넋마저 갑자기 놀라게 하는구나(頓令薄倖驚魄). 이러하여 김 씨 유족인 모녀의 마음은 나비는 오래도록 멀리서 홀로 누워 꿈을 꾸고(蝴蝶長懸孤枕夢), 봉황은 현이 끊어지도록 울어대네(鳳凰不上斷絃鳴). 아아, 또 누가 이 무고한 불행을 애도하지 않겠는가. 나는 대화를 마친 후, 모녀가 손수 지어준 조선요리를 융숭히 먹고 정성스러운 대접을 받으며 자리를 떠났다.

3. 김 씨 유족을 돕다

내가 용산에 체류하는 동안 병참부 사령관 육군보병소좌 미나미 고시로(南小四郞) 씨는 여러 이야기를 해 주면서 나의 무료함을 달래주다가 이야기 도중 우연히 김옥균 씨의 유족을 찾은 전말에 이르게 되었다. 지금 그가 이야기한 바에 따르면, 작년 동학난을 진압하라는 명령을 받아 그 근거지인 충청도로 출병하여 옥천(沃天)이라는 곳에서 뜻밖에 고(故) 김옥균 씨의 미망인과 그녀의 딸이 이곳에 숨어 지내는 사실을 듣고 그 즉시 수소문해서 구조하였는데, 이는 미나미 소좌 부대의 통역관인 조선인 이윤태(李允泰)가 백방으로 찾아 겨우 해후할 수 있었다고 말했다. 이윤태 씨는 김옥균의 난(갑신정변)에 실제로 참여하지 않았지만 평소 김 씨를 존경하고 믿는 바가 깊어 그의 명성을 따라 일본에 도래하였는데 결국 혁명 잔당이라는 오해를 받아 다시 조선에 돌아 갈 수 없어 이름을 오노 지로(小野次郎)라고 개명한 후 일본을 이리저리 떠돌고 있었다. 그런데 작년 민 씨 일족이 무너져 신정부 조직을 만들려고 할 때, 박영효 일행과 함께 귀국하여 일본 군대의 통역관으로 고용되었던 것이다. 성격은 매우 성실하고 김 씨를 위해서는 이제까지 모든 힘을 다한 바가 적지 않았다. 그러다 옥천에서 김 씨의 미망인과 해후할 때에는 비탄의 정에 잠겨 말 한마디조차 꺼낼 수가 없었고, 단지 서로 얼굴을 마주보며 눈물만 흘릴 뿐이었다. 당시 미망인은 일본식 선술집 같은 가게에서 일하며 따님과 함께 하루하루 근근이 보내고 있었으니 그 기워 입은 의복을 비롯해 그 어느 것 하나 빈곤하기 이를 데 없었으며 실로 초라하고 불쌍하기 그지없는 모습이었다. 미나미 씨는 미망인에게 이곳에 있으면 매우 위험해질 거라 말하며 병졸을 붙여 경성으로 모셔 가야 한다고 알리니 미망인은 기쁜 나머지

마치 꿈이라도 꾼 듯한 마음에 반은 의심하면서도 한편으론 오랫동안 빈곤에 빚도 엄청 많은데다 여비는 치를 돈마저 없다고 말하였다. 이에 미나미 씨는 즉시 발벗고 나서 약간의 의연금을 모으고자 동료인 각 사관들에게 동의를 구하니 이내 여비를 쓰고도 남을 만큼 많은 돈이 모였다. 그리고 곧바로 이 돈을 미망인에게 주고, 또한 병사들에게 모녀를 경성에 있는 이노우에(井上) 공사가 있는 거처까지 호위해 줄 것을 부탁하였다. 이런 연유로 이노우에 공사는 이 사실을 박 씨에게 전하게 되니 마침내 당시 모녀의 형편을 알 수가 있었다고 한다.

▶ 김옥균 씨와 회화(絵画) −
가네코 모토사부로(金子元三郎)[20] 씨 회고

내가 처음 김옥균 씨를 알게 된 것은 그가 홋카이도에 있던 무렵이었으나 서로 친한 사이가 된 것은 그 뒤 도쿄에서 자주 왕래하고 나서부터였다.

당시 나는 그의 소개로 도야마 미쓰루 씨를 만났는데 그 때 그가 나에게 말하길, 도야마라는 남자는 영리한 것인지 바보인지 전혀 속을 모르는 남자인지라 그리 알고 만나라고 했었다. 또한 마침 그 때 쯤이라고 기억되는데 그가 나카에 도쿠스케(中江篤介, 나카에 조민〈中江兆民〉을 말함) 씨를 알게 된 것은 나의 집에서였다. 그 때 나카에 씨는 꽤 소탈한 사람인지라 김 씨를 보기가 무섭게 "아, 자네가 김옥균인가. 자네는 매우 영리하다는 소문에, 어지간히 이노우에(井上)를 가지고 논다고 하던데"라고 껄껄 크게 웃으며 인사를 대신하였다. 이후 서로 의기투합하여 매우 친한 사이가 되었다. 김옥균의 평소 행적은 내가 굳이 말할 필요도 없이 모두가 잘 알고 있겠지만, 나에게는 그

---

20) 1869 - 1952, 메이지, 쇼와시대의 실업가이자 정치가. 홋카이도 오타루(小樽)에서 수산, 전력, 임업 등의 회사를 창업하고, 1891년에는 나카에 조민(中江兆民)을 주필로 한 〈홋쿠몬(北門) 신문〉 창간. 1900년 초대 오타루 구청장, 1904년 중의원 의원 역임.

로부터 받은 귀중한 물건이 있다. 그것은 그가 유라쿠초(有楽町)에 있는 오구라(小倉)에 있었을 때였다. 그 때 그가 말하기로는 내가 도쿄에 머무는 날도 이제 얼마 남지 않았으니 언제고 여기를 떠나 시바우라(芝浦) 해수욕장으로 옮기려고 생각하네. 그래서 잠시 자네에게 여러 짐을 맡겨 언젠가 다시 때가되면 받으러 오고 싶다고 해서 한 동안 내가 맡아두기로 했다. 그 후 상황이 변해 김 씨는 오랫동안 도쿄에 체재하게 되었기에 맡아둔 물건 중 가장 애용하던 바둑판 하나를 가지고 갔는데, 그 바둑판이 어찌된 영문인지 그가 상하이로 출발한 후에는 전혀 행방을 알 수 없었다. 내가 맡아 둔 유품은 전부 홋카이도에 있는 내 집에 보관해 두었다. 도쿄에 있는 것은 단지 그가 그린 그림뿐이다. 그 그림은 그가 홋카이도에 있을 당시, 홋카이도의 오타루(小樽)에 있는 쇼지 아무개(莊司某)라는 골동품 애호가에게 에조(蝦夷, 지금의 홋카이도) 유적에서 발굴했다는 고대 토옹(土甕, 흙으로 빚은 옹기)을 축소해 본 뜬 것이었다. 사실 김 씨 또한 이 그림을 매우 마음에 들어 하며, 하루는 그 그림을 사생(寫生)하여 손궤 밑바닥에 간수해 두었다. 그런데 그것도 모르고, 어느 날 내가 김 씨에게 "편액(扁額)을 하고 싶으니뭔가 오래된 물건이 있으면 좀 나눠 주게"라고 말하자 "오래된물건이라 해봐야 딱히 없으나 이것은 어떤가"라고 말하면서 전에 김 씨가 말한 사생 토옹을 보여 주었다. 언뜻 보기에 굉장히 좋을 것 같아, 나는 그것을 받고 그 위에 자서(自序, 저자 스스로가 쓴 서문)를 부탁해 완성되자마자 액자로 만들었다. 그것이 바로 도쿄에 있는 김 씨의 기념품이다. 그의 문장에 대해서는 이미 세상 사람들에게 정평이 나 있으니 이 사생화를 보더라도 그가 얼마나 재기환발(才氣煥發, 사리나 판단이 날카롭고 재능이 빛난다는 뜻)한가를 엿볼 수 있다.

▶ 관련서류는 아무것도 없다 –
이노우에 가쿠고로(井上角五郞) 씨 회고

고(故) 김옥균 군의 양자 김영진 씨가 근래 구스(葛生) 군에게 보낸 서간을 통해, 구스 씨는 김영진이 일전에 나 이노우에에게 자료를 빌려 선친의 전기를 쓴 적이 있다는 사실을 알게 되었다. 그래서 구스 군은 내게 그 자료를 보여 달라고 요구하였으나 실은 어떤 것도 제시할 것이 없다. 다만 오늘에 이르러 말해도 별 일이 없겠지만… 지금 회고해 보면 1887년 1월 2일, 즉 내가 조선에서 귀국해 지지신보(時事新報)에서 근무한 지반 년, 그리고 미국에 유람한지 반 년, 그 뒤로 여러 번 외국에 왕래하다가 일본에 귀국했을 때였다. 때마침 그 날 고준사(交詢社)에 가 있었는데, 갑자기 경시청에서 형사 2명과 순사 2명이 와서 나를 체포하더니 사서(私書, 개인적인 편지나 문서)위조 피고인이라는 죄목으로 그대로 감옥에 쳐 넣었다. 나 또한 아닌 밤중에 홍두깨라 적잖이 미심쩍게 생각했으나, 검사로부터 당신은 이것을 알고 있는가 하며 들이 내미는 것을 보니 비로소 내가 감옥에 들어온 이유를 알 수 있었다. 그것은 한편의 글로 지나와 조선 및 일본과의 관계를 논하면서 지금의 일본 형편은 물론 현재 삿초(薩長, 사쓰마〈薩摩〉와 초슈〈長州〉 두 번〈藩〉) 두 세력의 관계, 나아가 이노우에 가오루 등이 초슈 세력의 약화를

위해 여러 가지 사건을 일으켜 사쓰마 번을 쓰러뜨리고자 한다
고 결론지은 것으로 그 마지막 부분에 후쿠자와 선생의 이름
이 적혀 있었다. 그것을 본 나는 그 글은 내가 쓴 것이라고 답
하였다. 이것이 사서위조라는 명목으로 나를 체포한 이유였다.
이 글에 나온 후쿠자와 유키치라는 이름은 누가 쓴 것인지 나
는 알지 못한다고 끝까지 버티었다. 그 결과 관리모욕이라는
죄명으로 결국 나를 형벌에 처했다. 상당히 터무니없는 재판
이었지만 이 사건으로 말미암아 곤혹스럽게 된 것은 후쿠자와
선생이었다. 나는 당시 후쿠자와 선생의 집에 기거하고 있었던
관계로 가택수사를 받았고 선생도 참고인으로 법정에 불려 가
게 되어 상당히 죄송스러웠다. 김 군 및 조선사건(朝鮮事件, 갑신
정변을 말함)에 관한 기록이나 자료가 모두 사라져 버린 것은 실
로 이 때의 일로 이를테면 누군가가 이러한 모든 자료를 당국
에 압수당한 것을 염려해 끝까지 숨겨 은폐했는지 지금도 행방
이 묘연하다. 그런 사정도 있고 해서 현재 내 손에는 어떤 자료
도 남아있지 않지만 그 사라진 자료 중에 당시 괴로운 심정을
언급한 두 통의 편지가 있었던 것을 잊지 않고 있다.

1. 제 1 비밀계획에 관한 편지

처음 김 군 일행이 정변을 일으키려고 할 때는 무기나 그 외

의 것들을 준비함에 상당히 애를 먹고 있었다. 이를테면 사전에 일본도나 소총 또는 다이너마이트 등을 준비하는 바쁜 와중에 가장 어이가 없었던 것은 일본도가 도착하였을 때였다. 기다리고 기다렸던 일본도 80자루가 든 커다란 상자가 도착해서 우리들은 크게 기뻐하며 상자를 열어보니 어찌 생각이나 했겠는가. 뜻밖에도 시라사야(白鞘, 칼 보존용 나무로 만든 칼집)에 들어간 칼로 칼자루가 없었다. 나 역시 열어보니 분하고 기대에 어긋나 크게 실망해 견딜 수 없었으나 여러 궁리를 한 끝에 놋쇠용 철판을 사 와 칼자루를 만들고, 내친 김에 오동나무와 같은 부드러운 나무를 깎아 맞춰 거기에 삼베와 풀을 섞어서 꽉 붙였더니 매우 이상한 칼집은 되었으나 그럭저럭 아쉬운 데로 쓸 수 있게 되었다. 하지만 그렇게 만든 칼을 허리에 찬 모습은 지금 생각해도 우습기 짝이 없다. 아무튼 이렇게 해서 무기를 준비할 수 있었다. 다음에는 어떤 작전으로 거사를 일으키면 좋을지에 대해서 밀의(密議)를 거듭하였다. 그 결과 우선 대체적으로 다음과 같은 계획이 결정되었다.

즉 전부터 공사를 서두르던 북악(北岳) 아래 위치한 김 군의 별장이 최근에 완성되었다. 이것을 기회로 신축 축하기념을 거행한다는 명목 하에 내외 주요 인사들을 초대하여 연회가 무르익을 때 거사를 일으키자고 하였다. 마침 12월 초순이 소월(宵月, 초저녁에 뜨는 달) 밤이라 한밤이 돼서야 어두워지니 거사를 행하기 편리하다고 하여 날짜를 1884년 12월 1일에 정하기로 했다. 그리하여 마침내 향연이 한창 무르익으면, 일본에서 귀국한 사관학교 유학생 17명에게 지나 군복을 입혀 사전에 준비한 일본도를 들고 말들을 몰아 연회장에 쳐들어오게 하였다. 그리고 조선의 주요 인물들을 남김없이 차례차례 쓰러뜨려 마치 지나 군사가 난동을 부린 것처럼 위장하고 이를 국왕에게 상주하여 지나 군사의 행패로 이 지경에 이르렀다 고해 국왕의 마음을 움직인다는, 이것이 그 계획의 순서였다. 그래서 나는 이를 후쿠자와 선생에게 보고하고자 그 대략적인 내용을 기사로 썼다. 아마도 괘지(罫紙, 괘선이 그어져 있는 종이) 10매 이상이나 썼을 것이다. 김 군의 저택 도안부터 변장한 지나 군인이 쳐들어가는 경로나 혹은 죽여야 할 조선인 이름까지 썼다. 당시 일본에서 오는 배는 부산까지는 자주 있었으나 인천에는 많지 않았기에 경성에서 일부러 사람을 대기시켜 부산까지 내려 보내고, 그 곳에서 일본으로 보내도록 하였다. 그런데 막상 김 군의 신축 축하기념에 사대당 무리들 대다수가 거절하여 올 낌새를 보이지 않자 이에 제 1 계획을 포기하고 제 2 계획을 실행하지 않으면 안되게 되었다. 어쨌든 내가 보낸 제 1 편지는 12월 10일 경에 이미 후쿠자와 선생 손에 들어가, 내가 관리모욕으로 체포됐을 때까지 보관되어 있었다. 그러나 그 편지는 좀 전에 말한 사정으로 인해 어딘가 사라져버리고 말았던 것이다.

2. 제 2 비밀계획에 관한 편지

　김 군의 별장 신축 축하기념 때 사대당 무리들을 초대해도 오지 않는 것에 관해서는 비밀이 새어나갔다는 의심 이외에 또 하나 그럴 듯한 이유가 있었다. 그것은 말할 것도 없이 김, 박 군 일행이 소위 일본당의 수령으로, 사대당과는 2, 3년 동안 상당한 알력이 있어 견원지간처럼 심상치 않은 관계였기 때문에 신축 축하기념 따위로 초대받았다고 하여 기뻐하며 올 리가 없었다. 그것은 실로 당연한 일이었기에 하는 수 없이, 즉시 제 2 계획을 실행하지 않으면 안되었던 것이다. 그것을 설명하기 전에 한 마디 해 두지 않으면 안되는 것은 김, 박 두 사람이 홍영식을 동지로 끌어들인 이유이다. 독립당의 결심은 애초부터 매우 급진적인 점이 있었다. 그들은 마침내 독립을 발표하는데 있어서 (외람되어 말할 수 없지만) 어쨌든 유력한 인물이나 유력한 집안… 사대당이나 독립당으로부터 존경받는 적당한 인물을 자기편으로 해야만 하는 점에 있어서 홍영식과 친분을 쌓아 마침내 그를 동지의 한 사람으로 끌어 들이게 되었다.

　당시 경성 전동(典洞)에 처음으로 우정국이 설치되어 홍영식이 그 당상(堂上) 즉 국장이 되었다. 제 1 계획이 수포로 끝난 독립당은 이것을 기화로 하여 제 2 계획을 세웠던 것이다.

다시 말해 먼저 12월 4일에는 우정국 개업 때 피로연을 연다. 그 명목 하에 외국사신이나 조선 대관들을 모두 빠짐없이 초대한다. 이번에는 김 군의 초대와 달리 일본당이라 주목받지 않는 홍영식이 우정국 당상으로서 당당히 초대장을 보내기 때문에 아무려면 거절하는 사람이 없을 것이라고 예상하였다. 그리하여 점점 향연이 무르익으면 우정국 오른쪽 인근에 있는 초가집에 다이너마이트를 설치해 불을 붙인다. 이 때 혼란으로 모두가 놀라 밖으로 도망쳐 나오면 길가 개천에 숨어있던 일본인 자객 4명이 뛰쳐나와 사대당 놈들을 닥치는 대로 참살(斬殺)하고, 그리하여 그 세력의 뿌리를 제거해 천하를 일본당 손으로 빼앗는다는 것이 이 계획의 요지였다. 나는 이 계획이 정해지자 동시에 또다시 매우 상세한 사항을 써서 후쿠자와 선생에게 보냈다. 내가 제 2 비밀계획에 관한 편지란 바로 이것을 말하지만 이상하게도 후쿠자와 선생의 수중에 도착하지 않고 누 달이 지나 내 손에 되놀아 왔다. 그 후 이 편지를 손궤 밑바닥에 간수해 두었지만 체포사건 때 다시 사라지고 없었기에 지금은 그 흔적조차 없다.

그런데 그 이야기를 겸하여 정변을 일으킨 밤부터의 경과를 조금 설명하고자 한다.

그 날 밤 우리들의 계획대로 사대당 무리들은 빠짐없이 모였다. 미국공사 푸트, 영국영사 아스톤, 지나영사 진수당(陳樹

棠) 및 조판서, 내외아문독판, 사영(四營) 일행도 참석하였으나, 일본공사 다케조에(竹添) 한 사람만 병이라고 속이고 시마무라 씨를 대리로 참석시켰다. 이윽고 오후 6시 연회는 시작되고 시간은 시시각각 흐르면서 분위기도 상당히 무르익어 갔다. 시간이 됐다는 연회장에서의 신호로, 일본인 후쿠시마 하루히데(福島春秀)라는 자가 두 차례 다이너마이트에 불을 붙었지만 결국 폭발하지 않았다. 하는 수 없이 근처 민가 초가집 지붕에 불을 붙이자 화염이 일시에 타오르며 불꽃이 사방으로 솟구치니 아니나 다를까 모든 사람들이 경악하고 낭패한 모습은 천양지차로, 민영익과 같은 자는 새파랗게 질린 얼굴로 제일 먼저 밖으로 도망쳤다. 때마침 달이 떠 밤은 낮처럼 밝아 사람 얼굴도 식별하기 쉬운 탓에 개천에 숨어 기다리고 있던 자객 중 한 명인 무네시마 와사쿠(宗島和作)가 뛰어올라 문 밖으로 나온 민영익을 단칼에 베었지만 급소를 벗어나 민 씨는 비명을 지르며 우정국 안으로 도망쳐 들어왔다. 이것을 본 빈객 모두는 망연히 어찌할 바를 몰라 다만 헛되이 허둥지둥할 뿐이었으나, 우정국에서 일하고 있던 일본 우편기사 일행이 총과 칼을 가지고 자객을 막았던 탓에 자객은 그 목적을 이루지 못하고 어디론가 사라져 버렸다. 애당초 계획은 우정국 문 앞이 좁은 탓에 많은 사람을 암살하기에는 어려웠기에 빈객이 모두 밖으로 나왔을 때 능히 거사하자고 서로에게 알려 두었지만 무네시마가 평소 싫어하던 민영익이 먼저 나타났기 때문에 참지 못한 마음에 급히 문 앞에서 베고 도망가는 것을 쫓아갔으나 우정국 안으로 뛰어 들어가는 바람에 민영익 한 사람조차 죽일 수 없었다. 그러나 김, 박 두 사람은 이내 왕궁으로 달려가 국왕에게 지금 지나 군사가 난을 꾀하며 실제로 민 씨를 죽였다고 상주하였다. 그러자 국왕은 크게 놀라 허둥거리며 침전을 나오려고 하기에 두 사람은 왕을 제지하며 지나 군사가 미치는 곳에 폭약을 숨겨 논 상황에 지금 어디에 가셔도 위험하오니 섣불리 밖으로 납시어서는 안된다고 말했다. 이렇게 채 말도 끝나기 전에 폭약이 터지며 울리는 큰 소리에 궁성 문 앞은 전복되니, 국왕은 더욱 놀라 몸소 붓으로 휘갈겨 써서 친서임을 알려 급히 사신을 일본공사관에 급파하여 도움을 구하고, 동시에 경우궁으로 가 난을 피하셨던 것이다. 그 사이 다케조에 공사는 일본 군사를 인솔해 달려와 국왕을 보호하며 계동(桂洞)궁으로 모셔 엄정한 경호를 하게 되었다.

잠시 시간이 지나, 왕명이라 칭하고 외아문독판 민영익, 내아문독판 민태호, 전영대장 한규직, 후영대장 윤태준, 좌영대장 이조연, 판서 조영하 일행을 행궁으로 불러들여, 그들이 허둥거리며 부름에 응해 오는 것을 문 안에서 모두 죽여 별 어려움 없이 지나당 수령을 죄다 처단하니, 이에 비로소 일본당의 천하가 될 수가 있었다. 그러는 사이 다음 날 5일에는 서둘러

조보(朝報)에 정부 인사의 대규모 경질을 발표하여 홍영식을 좌의정으로 임명하고, 그 실권은 김, 박 두 사람이 장악하였다. 나아가 오후에 다시 포고하여 앞으로 전하(殿下)를 받들어 폐하(陛下), 왕명을 칙(勅), 왕을 칭하여 짐(朕)이라고 고쳐 엄연한 독립당의 군주로서 의례를 갖추도록 하였고, 4위 병사를 소집하여 행궁을 보호하도록 하는 등 이것으로 완전히 신정부 조직을 마쳤다.

그런데 6일 오후 3시경부터 지나 군사가 궁성으로 난입하더니 이내 일본 군사와 충돌하게 되었다. 그 날 밤 왕성은 지나 군사에 둘러싸였고, 7일 우리들은 패배의 원한을 머금고 경성을 빠져나와, 8일 오후가 되어 인천에 도착, 일본으로 도망가지 않으면 안되었다. 가까스로 일본당 손에 들어간 정권이 하루아침에 다시 지나의 손에 넘어가게 된 것은 두고두고 유감천만이었다. 때마침 내가 김 군 일행 6명을 데리고 나가사키(長崎)에 도착하였을 때, 도쿄에 있던 후쿠자와 선생은 나의 이른바 제1 비밀계획에 관한 편지를 읽고 난 뒤라, 나가사키에서 우리들이 보낸 전보를 보고 이내 실패하였구나하고 생각하셨다고 한다. 그 후 일본 정부가 이노우에 가오루 씨를 특파전권대사로 조선에 보냈을 때 나 또한 조선에 가게 되었는데 그 때 예전에 제2 비밀계획 편지를 보냈던 심부름꾼이 찾아 와서 결국 그 편지를 보낼 수 없었다고 말하며 되돌려 주었기에 두 통의 편

지가 오랫동안 내 수중에 있었다. 김 군을 기념하는 오늘에 이
르러 관련서류가 무엇 하나 남아 있지 않은 것은 이러한 이유
이다.

▶ 신조지(眞淨寺)에 있는 김옥균의 묘 – 이토 긴료(伊藤欽亮)[21] 씨 회고

나가사키 출신으로 가이 군지(甲斐軍司)라는 사람이 있었다. 일찍이 경성에서 사진업을 경영하며 여러 가지 김 씨의 생활을 도와주다, 김 씨가 능지처참당해 그 머리가 양화진에 효수되었을 때, 남몰래 사람을 시켜 그의 유발을 훔쳐 그것을 일본에 가져와 혼고(本鄕) 고마바(駒場)에 있는 신조지에 매장하였다. 그때 확실히 이누카이(犬養), 후쿠다(福田, 스님), 나 등 4, 5명이 상주가 되어 매장한 것으로 기억된다. 가이 씨는 그 후 건설업 등으로 돈을 모아 자력으로 김 씨의 위패를 세웠으며, 그 또한 최근 2, 3년 전에 사망하였고 그 유언에 따라 김 씨가 묻힌 묘 부근에 묘지를 세웠는데, 어쩐지 서로 깊은 인연이 있음을 말해주고 있다.

---

21) 1857 – 1928, 메이지, 다이쇼시대 신문기자. 1882년 〈지지신보(時事新報)〉 창간과 함께 기자가 되고, 나중에 편집장. 1896년 일본은행으로 옮겨 발행국장 및 문서국장으로 근무했다.

▶ 김옥균 씨 회상담 –
고바야시 가쓰다미(小林勝民) 씨 회고

　김옥균 씨를 회상하면 절로 눈물이 나지만 아무리 생각해도 유감스러운 일이었다. 그는 실로 조선인 중에서 비할 데 없는 인물일 뿐 아니라 당시 일본에서도 참으로 그에게 필적할 만한 인물이 없었다. 아니, 그의 장점을 본다면 거의 유일무이하다 말해도 좋을 것이다. 그와 같은 인물을 일청전쟁이 돌발하기 바로 직전에 잃어버렸다는 것은 실로 유감스럽기 이를 데 없으며 일본이나 조선을 위해서도 확실히 커다란 손실이었다. 나와 김옥균 씨는 서로 마음을 터놓고 지내는 벗으로, 조선의 부식경영(扶植經營)을 위해 미력하나마 수년 간 심혈을 다하여 획책 분주(劃策奔走)하였으나, 시운(時運)이 아직 무르익지 않은 탓에 귀국 도중 김옥균 횡사 전보를 접하고 낙담한 나머지 망연자실하였으니, 내 평생에 이와 같이 낙담한 적은 없었다. 실로 김옥균 씨는 조선에 둘도 없는 한 알의 씨앗이다. 그와 달리 박영효와 같은 무리는 아무리 해도 마음 터놓고 이야기를 나눌 수 있는 인물이 아니다. 아 슬프게도 큰 인물이 사라져갔구나. 고균 김옥균이 죽고 조선이 망한 것이 이 한 순간이었음을, 이것이 내 마음 속에 떠오르는 솔직한 심정이었다.

　1891년 2월, 내가 조선 마산포에 있는 광산을 시찰한다는 명

분으로 간신히 외무성의 여행 허가를 받아, 경성으로 잠행하여 대원군이 있는 운현궁에 방문한 것은 실로 열 겹 스무 겹 되는 철조망을 넘고 적군의 성에 들어가는 느낌이었다. 당시 김옥균은 몸소 오이시 마사미(大石正巳) 씨의 명의로 대원군에게 보낼 한 통의 편지를 초안(草案)하였다. 그 내용은 때마침 오이시 씨가 동아 만유(東亞漫遊)를 마치고 일본에 귀국할 때, 이홍장의 전언을 친구인 고바야시 치타로(小林千太郎, 나의 옛 이름)의 입을 통해 직접 들어 달라는 취지로, 편지에 적힌 내용은 극히 정중하였다. 나는 이 편지를 들고 처음으로 대원군을 알현하였다. 다음 날 먼저 박영효가 쓴 편지를 보여 드렸더니 대원군은 냉소적인 태도를 보이며 천천히 말하길, 어린 애들이 말하는 것에 불과하다고 하였다. 그리고 접견 세 번째에 이르러 비로소 김옥균 씨가 쓴 편지를 보여 드렸더니, 대원군은 갑자기 하인을 밖으로 물리치고 그 글을 반복해 숙독하시더니 서둘러 글을 써서 답장해 주었다. 그리고 나서 오른손을 내밀어 나에게 악수를 청하더니, 왼손으로 나의 입을 굳게 닫으라는 표시를 했다. 생각건대 남에게 새어나가는 것을 경계하는 의미일 것이리라. 이로써 김옥균 씨가 얼마나 대원군에게 존중받았는가를 알 수 있었다.

김옥균 씨는 선도(禪道)에도 정통하여 남들이 흔히 말하는 야호선(野狐禪, 선의 깊은 경지에 이르지 못했음에도 제 딴에는 깨친 듯이

자부하는 사람)이 아니었다. 스승이자 친구인 오자키 유키오(尾崎行雄) 씨는 일찍이 요즘 정치가 무리들이 한다는 선(禪) 수행을 냉소하며 말하길, 작금 소위 정치가 무리들이 제 아무리 선을 배운다고 하나 심오한 경지에 이르는 자가 없다. 다만 똑같은 야호선 중에서도 와타나베 구니다케(渡辺国武)만은 조금 경지에 이른 것 같다고 하였다. 그는 아마도 김옥균 씨가 선도의 심오한 경지에 이른 인물이란 사실을 알지 못했을 것이다. 아니, 오자키뿐만 아니라 당시 우리 조야(朝野, 정부와 민간) 정치가라든가, 명사(名士), 신사(紳士)라고 불리는 인물 거의 모두가 박영효와 김옥균의 인물됨을 반대로 알아 오해했을 정도였다. 어찌 비단 그의 선 수행만이 어떠했음을 잘못 알았을 뿐이겠는가. 이 점에 있어서 후쿠자와 유키치옹은 역시 사람을 보는 총명한 안목을 가지고 있었다.

▶ 고균 김옥균 –
와타나베 하지메(渡辺元) 군 회고

　상하이에서 김의 횡사는 김 본인을 위해서도, 일본을 위해서도 가장 적절하였다고 생각된다. 왜 그런가 하면 그의 조선에 대한 이상은 조선을 중립국으로 하여 동양의 공원(公園)으로 만들고 싶었기 때문이다. 일본이 강하게 나오면 러시아로 달려가고, 러시아가 강하게 나오면 일본에 의지하는 식으로 일러 양국을 조정하여 조선 독립을 유지하는 것 이외에는 계책이 없음을 알고 있었다. 이 점에 대해서 지나는 그의 안중에 거의 없었다. 그러므로 상하이에서 암살당하지 않았다면 훗날 일본인의 손에 죽음을 당했을지도 모른다.

　그는 15세 나이에 어떤 일로 감옥에 들어간 적이 있다. 18, 9세에 대원군에게 이름이 알려져 어떤 책무에 취임하고, 더욱이 상원랑(上元郞) 시험에 장원급제하였다. 그가 처음으로 일본에 온 것은 1880년으로, 그 해 26세 당시 당상호조판서라는 직무였다. 확실히는 모르나 일본에서 말하면 내무대신 정도의 직책이었을 것이다. 그는 도쿄로 가던 도중 나가사키에 들렀다. 나가사키에는 마키 겐조(牧健三)라는 그의 지인이 있어, 그 사람의 소개로 나는 처음 김을 만났다. 내가 마키의 집에서 소개받은 다음날, 그는 10명 정도의 수행원을 거느리고 우리 집을 방문하였다. 물론 그 때 그는 조선옷에 커다란 갓을 쓰고, 4, 5척이나 되는 긴담뱃대에 수행원이 담배를 채워주고, 그것을 뻐금뻐금 피워가며 이야기할 때는 완전히 한 폭의 조선 그림을 보는 듯했다. 그는 여러 가지 이야기를 한 후 조선의 국책을 물었다. 나는 부국(富國)은 광업에 있다는 논지로 광업의 필요성을 열심히 설명하였다. 그 때 그는 아무런 대답을 하지 않았지만, 그로부터 도쿄로 가 두 달 지나 귀국 중 다시 방문했을 때에는 어느 새 어지간한 일본어를 알고 있어 나는 대단히 놀랐다. 그 때 그는 나에게 향해 광업 고문으로 조선에 와달라고 말했다. 도쿄 체류 중 곰곰이 생각하니 내가 주장한 광업부국론이 필요하다는 것을 알았던 것이다. 나는 이에 크게 찬성하였다. 그렇지만 정부로부터 정식 수속 절차를 거쳐 고용해 달라고 대답하였다. 이에 그는 수긍하고 조선으로 돌아가 그 즉시 동래부백(東萊府伯) 이건영(李健榮)이라는 사람을 파견하여, 나가사키 지사의 손을 거쳐 나를 고용하기로 하였다. 나는 미즈다 레이조(水田礼造)라는 사람에게 광부 두 사람을 동행시켜 파견하고 미즈다로 하여금 이건영과 함께 조선으로 건너가 함경도에 있는 광산을 조사하게 하였는데, 미개인민(未開人民)이 으레 그러하듯이 가는 곳마다 폭민봉기(暴民蜂起)하여 우리 일행을 방해하였기에 때문에 미즈다도 그 위험을 느껴 광산 조사를 중지하고 일본으로 귀국하였다. 그리고 동래부백이었던 이건영은 1884년 경성변란(갑신정변)으로 전사하였다는 소식을 전해 들었다. 이후 몇 년의 세월이 흘러 서로가 계획도 세우고 고심도 하였으나, 결국 아무 성과도 없고 진전될 기미도 없음에 이르러서는 유감이라면 유감스런 일이지만, 좀 전에 말한 바대로 김의 죽음은 실로 그러한 시기에 일어난 일이다. 김옥균이 상하이로 떠날 때 나는 도쿄에 있었는데, 그가 떠나는 도중 나가사키 있는 내 어머니를 문안해 주었고, 그 곳에서 편지를 써 나한테 보낸 것이 결국 그의 마지막 글이 되었다. 나는 일본과 지나를 다 합쳐 그 만큼 배짱 좋은 인물은 본 적이 없다. 그 만큼 배짱 좋은 인물에다 우정이 두터운 것 또한 실로 천하일품이었다. 지금의 원세개가 22, 3세 나이에 조선주재관으로 있을 때부터, 그는 원의 재기(才氣)를 칭찬하고 다케조에의 패기 없음을 한탄하면서 언젠가 시간이 지나면 황제가 될 인물로 원세개라고 말하였으니 그의 안목 또한 비범하다고 해야 한다. 김옥균이 만일 지나에 태어났었더라면 원세개 이상으로 업적을 남겼을지 모른다.

김옥균이 와타나베 나구사(渡辺南岬)에게 보낸 글

나구사 형님

어젯밤 무사히 나가사키에 도착, 동행도 있어 배 안에서 자고, 오늘 아침에 상륙하여, 훤당(萱堂, 편지 등에 남의 어머니를 높여 이르는 말)을 알현하니, 제 어머니를 본 것처럼 기쁘기 그지없음. 어머님의 뇌병(腦病)도 거의 나아 안심해도 좋을 것임. 형님(와타나베 하지메)의 근황도 대략 말씀드려 두었음. 동생(김옥균)은 내일 출항하여 다음 달에 돌아올 것임. 우선 급한 대로 집안이 평안하다는 것을 간략히 보고 드림

옥균

▶ 김옥균 씨 횡사와 천우협(天佑俠) − 마토노 한스케(的野半介) 씨 회고

　상하이 객사(客舍)에 넘쳐흐른 김옥균 씨의 선혈은 실로 일본제국의 거대한 팽창을 조성한 도화선으로, 흡사 작금의 구주전쟁(歐洲戰爭, 세계 1차 대전)에 있어 세르비아의 일개 한 학생이 오스트리아 황태자와 왕비를 총격한 원인이나 상황과 매우 유사한 점이 있다. 역사는 반복된다고 말하지만, 동서 상호간의 흔적 또한 매우 닮은 것이 기이하다면 기이하다. 돌이켜보면 김 씨가 죽고 나서 어언 23년, 그 동안 일본제국은 완고한 청국을 응징하여 동아(東亞)의 맹주가 되었고, 더욱이 강대한 러시아를 격파하여 세계 일등국과 어깨를 나란히 하니 그 위상과 세력 또한 일찍이 섬 제국에는 없었던 일로 그 발단이 김 씨의 횡사로 시작되었다는 것을 생각할 때마다 나는 김 씨 한 개인의 죽음이 결코 헛되지 않았음을 믿는 바이다.

　원래 규슈(九州)에 있던 우리 결사단체는 솔직히 말해서 대외당(對外黨)인 관계로, 메이지 정부는 항상 우리 동지들의 동정을 주시하며 눈과 귀를 게을리 하지 않았고 우리 자신들 모습 또한 거의 망명객과 닮아 있던 까닭에 김, 박 씨 일행을 비롯한 다른 나라에서 온 망명객에 대해 사뭇 동정의 감정을 금할 수 없었다. 그리고 그들도 우리들을 타향의 지기로 여겨 간

관유리(間關流離, 어려운 상황에서 정처 없이 떠돌아다님)할 때, 서로 손잡고 작금의 시무(時務)를 이야기하거나, 또는 서로 굳게 맹세하고 동방(東邦)의 동맹을 모색하며 교분을 한층 친밀히 하였다. 그 후 1894년 3월 김 씨가 상하이에서 횡사하자 그의 서생인 와다(和田) 아무개가 시체를 상하이에 있는 일본 우선(郵船)회사 선창에 가지고 와 일본으로 귀국하려고 할 때, 난폭한 청국 관헌이 시체를 빼앗더니 청국 군함 위원호(威遠號)에 실어 조선 정부에 송치하였다. 그리고 조선 정부는 시체를 토막 내어 머리를 효목(梟木)에 걸고, 사지는 땅에 버려 까마귀나 솔개가 쪼아 먹게 하였다. 이러한 극히 잔인무도한 보도가 일본에 전해지자 일찍이 조선에 대한 청국 정부의 야망을 우려하고, 또한 유신 이래 누차 일본제국을 깔보고 업신여김에 이를 갈던 동포의 분노는 그 절정에 달했다. 김 씨에 대한 청국 정부의 조치는 조선 잠식의 야망을 폭로하는 일종의 선전포고였던 것이다. 특히 김 씨의 옛 지인은 전국 각 지방에서 서로 만나 그 선후책을 강구하였고 동시에 개전의 목소리와 청국을 토벌하자는 외침이 각 지방마다 메아리치더니, 4천여 만 동포의 목소리가 일제히 베이징 하늘을 향해 보복을 맹세하였다.

5월 20일 고지마치구(麴町区) 유라쿠초(有楽町) 오구라(小倉) 씨 집에 김 씨 장례사무실을 마련하여 전날 밤에 온 생전의 지인과 친구가 서로 만나 철야하였는데, 마침 그 때가 제6

회의(第六議会) 개회중이어서 당일 장례에 참석한 정객 이 외에도 모인 사람들이 매우 많아 오구라 씨 집부터 아사쿠사(浅草)에 있는 혼간지(本願寺)에 이르기까지 행렬이 이어져 있을 정도였다.

나는 당시 교바시구(京橋区) 고비키초(木挽町)에 있는 도요칸(東洋館, 지금의 쇼류칸〈勝柳館〉)에 임시로 거처하고 있었는데, 스즈키 쓰도무(鈴木力), 즈쿠다 노부오(佃信夫), 모치쓰키 류타로(望月竜太郎), 다나카 쇼조(田中正造) 씨 일행도 이리 와 함께 생활하면서부터는 정객유지들의 왕래가 한층 빈번하였다. 어느 날 아침 김 씨 살해문제가 발생하자 이와 동시에 동포 유지(有志)들이 청국과 한국에서 귀국해 보복을 꾀하는 일이 아주 잦았다. 일이 이렇게 되고 보니, 나는 우선 당로자(當路者, 요로에 있는 사람)를 방문하여 시국에 대한 의향을 알아보고, 아울러 그들의 의향을 격려하며 과감히 결정하도록 하였다. 사실 이를 심사숙고한 지금의 무쓰(陸奥) 외상은 그가 농림수산 대신으로 있었을 때 내가 규슈광업단체 대표자로 자주 만났던 오랜 친구로, 그의 패기 왕성함은 평소 실권없는 무리들과 달라 일단 한번 그를 방문해 정부의 의견을 비난하다면 혹시라도 얻을 것이 있을 것으로 생각했다. 그래서 김 씨 장례식 다음 날, 즉시 무쓰 외상 관저에 방문하여 먼저 오랜만에 만나 이야기를 나눈 후, 김 씨 횡사에 대한 청국 정부의 태도는 결코 용서해서는 안되며 이것마저도 참아야한다면 도대체 무엇을 참지 말아야 하는가 하고 격한 말로 조합전(弔合戰, 죽은 자의 영혼을 위로하기 위한 복수전)의 급무를 설명하며 추궁, 논박하자, 외상은 대답하며 말하길 자네들의 격앙된 모습도 그러하지만 아직 그 시기가 아니다 라고 하며 요령부득하였기에 화제를 바꾸어 이번엔 가와카미(川上) 장군을 소개해 달라고 요구하니 외상은 흔쾌히 승낙하며 한 통의 소개장을 건네주었다.

나는 작별인사하고 외상 관저를 빠져나와 다시 반초(番町)에 있는 가와카미 장군 저택을 방문하였는데 마침 퇴청해 있어서 다행히 회견할 기회를 얻었다. 나는 우선 여기 온 목적을 고하면서 "각하는 작년부터 올해 봄까지 시베리아와 베이징 등지를 회유(回遊)하신 걸로 봐서 각하의 안중에는 청국 따위 겁낼 것이 없으리라 마땅히 기대하니, 무릇 일본제국은 지난 1882년과 1884년 이래 청국 때문에 조선에서 모욕받은 일이 한 두 번 아니었다"고 말했다. 하물며 이번 김옥균 씨에 대한 청국 정부의 잔인하고 난폭한 행동은 망명자 한 사람에 대한 태도만이 아니며, 나아가 조선 잠식의 야망을 달성하기 위한 우리 일본에 대한 도전이라고 간주하지 않으면 안된다. 이 때 제국은 모름지기 문죄(問罪)의 군대를 일으켜 청국에 단연한 조치를 행하여야 한다. 지금 나는 이러한 희망을 갖고 뵙기를 청한 것이라 잘라 말하니, 장군은 비범한 무쓰 씨의 소개인만큼 잠시 생각한 후 마음을 결심한 양 천천히 말하길, "내 의견도 그대와 같으나, 반대로 총리대신인 이토 백작은 비전론(非戰論)의 수뇌로써 어떠한 이유가 있더라도 전쟁 따위는 생각하지 않는다"고 하였다. 더욱이 화제를 바꾸며 말하길, 무쓰 씨의 소개에 의하면 자네는 겐요샤(玄洋社) 사람들 중 한사람이라 알고 있는데 나는 겐요샤에 많은 무리들이 모여 소위 원정당(遠征黨)의 중심이라 들은 바, 만일 미리 손을 쓴다면 누군가 한 사람이 부화(付火, 불을 지름, 방화)하는 자도 있을 것이다. 과히 불길이 번져 나가기만 한다면 불을 끊는 것은 우리들의 임무이기에 기꺼이 본 임무를 다할 것이나, 정치 실권이 비전론자들의 수중에 있는 한 전쟁 따위는 심히 어려운 문제라고 하면서 개탄하였다. 나는 그가 말한 부화(付火)라는 의미심장한 비유에 자극받고 다소나마 가와카미 씨의 의중을 알 수 있었다. 그리고 곧 바로 가와카미 씨 집을 나와 이 사실을 두, 세 명 동지에게 말하고 또한 도야마(頭山)와 히라오카(平岡) 두 선배에게도 보고하니 일찍이 도한(渡韓) 결심을 보였던 도야마 씨는 말하길, "이토와 같은 겁쟁이에게 조합전(弔合戰) 따위는 생각지도 못한 어마어마한 일로 과연 가와카미다. 일이 성공되면 공을 국가로 돌리고 성공하지 못하면 혼자서 그 죄를 감수하겠다는 것은 대장부의 진정한 마음이 아니겠는가. 그리고 너희들은 이 말이 새어나가지 않도록 자중하라"고 지시하였다. 한편 히라오카 씨는 말하길, "가와카미가 부화라고 말했다니 그 말에 오히려 감탄할 만하다. 무슨 일이 있어도 꼭 나에게 소개해 주게"라고 하였다. 그래서 나는 다시 장군에게 찾아가 히라오카 씨와의 회견을 알선하였더니 참모본부에서 면회할 수 있다는 답변이 와, 이내 히라오카 씨와 동행하여 소개해 주었다. 그런데 장군은 첫 대면답지 않게 귀하는 여러 방면에서 익히 들어 알고 있다고 말하면서 처음 보는데도 마치 오랜 친구처럼 서로 격의없이 대하며 히라오카 씨가 주장한 동방경영(東方經營)에 관한 의견, 그 중에서도 주전설(主戰說)에 깊은 관심을 가지며 들었다. 그리고 이내 한탄하며 말하길, "이른바 지금의 의원들은 마치 농민 집합체인가 하는 느낌마저 있어 심히 유감이다. 만일 자네들과 같이 무사적 소양을 갖은 유지가(有志家)가 의회 일각에 열 명이나 열다섯 명이라도 있다면 우리 군인들은 마음껏 생각한 바를 털어놓고 이야기할 수 있으리라"고 흉금을 터놓는 바, 평소 스스로 천하대국에 서서 여론을 지도하며 우국지사다운 품행을 보이려고 각오한 히라오카 씨는, 장군과 대화하는 사이 느낀 바가 있어 마침내 의원이 되려고 결심하게 되었다. 그러는 동안 한편으로 당시 개회 중인 제 6 임시의회는 정부와 충돌하는 날이 갈수록 많아져 6월 2일 마침내 해산하게 되었으니, 히라오카 씨는 이 기회를 이용해 후쿠오카현

(福岡県) 지역 중의원 후보자로 자천(自薦, 자기가 자기를 추천함)하고 나에게 현 지역의 동지들과 내외관련 교섭을 위촉하였다.

동양관(東洋館) 내에서 나는 부화(付火)라는 특별 임무와 도한(渡韓) 밀의를 초조한 마음으로 심사숙고하며, 옷가지 등 크고 작은 신변 일부터 비단 깃발(錦旗, 빨간 비단에 해와 달을 그린 천황의 깃발로 옛날에 관군의 표지로 썼음)에 천우협(天佑俠)이라고 써넣은 군기 조달까지 준비하는 동안, 히라오카 씨는 자주 하인을 보내 자신의 선거에 일의전념(一意專念)해서 실수하지 않기를 바라며 나의 도한(渡韓) 연기를 요구하는 것과 동시에 의회에 있는 동지들 규합에 노력해 주길 간절히 희망하였다. 그래서 나는 히라오카 씨가 있는 임시거처로 옮겨 일하던 중, 어느날 도야마 씨로부터 안내장이 와서 보니 거기에는 "오늘 저녁 6시부터 후카가와 다이하치만(深川大八幡)에서 송별회를 개최하오니 아무쪼록 왕림해 주시길"이라고 적혀 있었다.

그런데 후카가와 하치만샤(深川八幡社) 안에 그러한 요리집이 있는 것을 듣지 못했기에, 이 사실을 히라오카 씨에게 전하자 그 역시 알지 못했다. 그 때 이따금 내방하는 한 부인에게 물으니, 부인은 이 요리집은 스사키(洲崎)에 위치한 다이하치만루(大八幡楼)로 후카가와라고 하면 하치만샤(八幡社)라고 생각하기 쉬우나 후카가와 안에 있는 스사키에서 보면 자연히 그가 말한 다이하치루임을 상상할 수 있을 거라고 말하니 좌

중에 있던 모두가 한바탕 웃었다.

도야마 씨에게 초대받은 우리들이 다이하치만에 도착하니 하마노야(浜の家) 식당에는 당시 돈많은 부잣집 사람들이 먼 곳으로 싸우러 가 일왕부환(一往不還, 한번 가면 돌아오지 않은)하는 사람들을 위한 송별회로, 발산개세(拔山蓋世, 力拔山氣蓋世의 준말로 힘이 산이라도 빼어 던질 만하고, 기(氣)는 세상을 덮을 만큼 웅대함)한 많은 호걸들이 자리를 가득 메워 앉았는데, 그 기개가 이미 온 천지를 들이 마실 기세였다. 그들은 냉정한 눈초리로 현재 일본을 바라보며 일본의 작은 정치가가 되기보다는 오히려 드넓은 동아의 개혁가가 되려고 하였으니 궐연히 쓰시마(対馬) 해협을 건너가 압록강에 이르러 말에 목축이고자 하는 용사들만 모인 까닭에 오늘 밤 연회는 이내 전쟁을 반대하는 내각 기관인 경시청의 감시가 소홀할 수 없었다. 모임이 끝난 뒤부터 동양관 측 무리들과 겐요샤에는 감시의 눈이 한층 강화되었다. 그 후 나는 6월 7, 8일 쯤 도쿄를 출발하여, 우선 고향인 후쿠오카에 들렀으나 경관들이 끊임없이 미행해 왔다. 이를 전후로 스스키 쓰도무 씨와 도키사와 유이치(時沢右一) 씨 일행은 나를 따라 후쿠오카에 와서, 비전론(非戰論)을 완고하게 주장한 이토 내각이 장사(將士)들의 도한(渡韓)에 대해서 엄중히 경계한다는 등 서로의 의견을 남몰래 수어목촉(手語目囑, 손으로 말하고 눈으로 부탁하는)하는 사이 스스키 씨 일행과 흉금을 터놓게 되었고 이것이 도한을 서두르는 계기가 되었다. 그리하여 나는 히라오카 씨의 선거와 관련해 두, 세 개의 긴요한 문제를 처리한 다음 이제 막 출발하려고 준비할 때, 후쿠오카 현에 있는 아리타(有田) 경부장이 신도 기헤이타(進藤喜平太) 겐요샤 사장과 나에게 면회를 요구해 왔다. 그래서 이쪽에서 관사로 방문한다고 회답하고 내방을 사절한 다음, 얼마 지나 신도 씨와 함께 아리타 경부장을 방문하자 그는 우리들의 방문을 감사하며 말하길 "마토노(的野) 씨가 도한(渡韓)한다고 들었는데, 이는 당국의 명령에 따라 강력하게 중지할 것을 요구한다"고 하였다. 나는 가와카미 장군과 회견한 이래, 전쟁을 반대하는 내각에도 활안유위(活眼有爲, 사리를 꿰뚫어 보는 안목과 능력이 있음)한 부화론자(付火論者)가 내심 많다는 것을 알았고, 지금 또한 경부장의 심문을 듣고 이토 내각의 연약한 태도에 여전히 기가 막힐 따름이었다. 그래서 내가 이번에 고향으로 내려 온 것은 히라오카 씨를 추대하여 중의원 의원으로 하기 위할 뿐, 결코 도한 준비에 있지 않다고 설명하였다. 그러자 아리타 경부장은 크게 안심한 듯, 실은 마토노 군이 조선으로 간다면 신변을 구속하라는 도쿄로부터 명령이 왔다고 말하며 신도 씨에게 그 보증을 요구하니 신도 씨는 웃으며 이를 승낙하였다. 그런데 그 다음날 아침 시마다 게이이치(島田経一) 씨, 니시무라 요시사부로(西村儀三朗) 씨, 세키야 오노타로(関屋斧太郎) 씨

등 조선에서 귀국한 일행이 하카타(博多)역과 구루메(久留米)
역 구간 사이에서 발생한 폭발물 사건 때문에 결국 감옥에 가
게 되었으니 이는 나로 하여금 매우 번민에 빠지게 하였다.

　당시 정부가 도한에 관한 단속을 이처럼 엄중히 하였음에
도 불구하고, 다나카 시로(田中侍郞), 스즈키 쓰도무(鈴木力),
오하라 쓰요시(大原儀剛), 우치다 료헤이(內田良平), 오자키 마
사요시(大崎正吉), 다케다 한시(武田範之), 혼마 규스케(本間
九介), 시라미즈 겐키치(白水健吉), 히노시타 도라키치(日下寅
吉), 요시쿠라 오세이(吉倉汪聖), 치바 히사유키(千葉久之), 도
키자와 유이치(時沢右一) 등 여러 장사(將士)들은 서로 경쟁하
듯 부산에 건너가 동지(同志) 모두가 모여 논의에 논의를 거듭
한 결과 동학당 일부와 연락해서 고무작흥(鼓舞作興, 남을 격려하
여 정신이나 기운을 떨쳐 일으킴)시키고자 하였다. 그러나 지쿠호(筑
豐, 후쿠지마현 네 개 지역 중 하나)에 있는 모 광산에서 가져온 폭약
은 도항(渡航) 경계로 가져오지 못하니 도수공권(徒手空拳, 맨손
이나 맨주먹)으로 조선팔도를 유린하려는 것도 쉬운 일은 아니었
다. 그런데 들리는 바에 의하면 마산포에 나가사키현(長崎県)
출신의 마키 아무개(牧某)가 소유한 금산(金山)이 있다고 해서
그리로 가 폭약을 가져오려고 즉시 서로 힘을 합해 뱃길로 가
서 마산포에 도착한 다음, 서둘러 광산 주인인 마키 아무개를
만나 폭약을 요구하였다. 하지만 마키 아무개는 알지도 못하

는 사람으로부터 의외의 요구를 완강히 거절하자, 스스로 풍운(風雲)을 일으켜 경천동지(驚天動地, 세상을 크게 놀라게 함)할 활약을 자신들의 임무로 여겼던 지사들의 새 출발에 있어 이러한 문명의 무기가 없다고 그만둘 수 없었기에, 하는 수 없이 전장(戰場)에서 흔히 하듯 마키 아무개를 포박하고 폭약을 빌린 다음 동학당의 뒤를 따라 마침내 전라도에 침입하였다.

원래 조선 동학당은 종교 단체로 모인 것에 지나지 않았지만, 1894년 5월 전라도 고부에서 일어난 난은 정부의 학정에 시달린 나머지 민 씨 일족의 전횡에 분개하여 병력을 모아 정부를 전복시키려고 기도한 자들로 격문을 사방으로 뿌려 동지들을 모으니 그 불길이 삽시간 전라도 전 지역으로 타올라 마침내 충청북도에 번지고 공주까지 진입하게 되었다. 조선 정부는 초토사 홍 아무개로 하여금 정예 군사 천명을 이끌고 이를 토벌하려고 하였으나 동학당 수장인 전봉준이 능히 막아내는 바람에 초토사 군사들은 대다수 패주하고, 6월 중순에는 공주 이남은 모조리 동학당이 점령하게 되었다. 그런데 동학당 내부에는 천우협(天佑俠)이라 사칭하는 일본인들이 동학당을 격려하며 지휘한다는 소문이 널리 퍼지자 이 소문에 민 씨 일족의 당황하며 낭패한 모습은 실로 가관이었다.

그런데도 청국주재관 원세개는 이 기회를 틈타 민영준에게 은밀히 외국 군사를 빌려 역적을 토벌하라는 의견을 말했으니,

생각건대 당시 원세개는 김옥균 암살 이후 일본인의 청국과 조선에 대한 분노하는 마음이 거의 절정에 달했다 해도, 자세히 그 진상을 살펴보면 이번 사태는 단지 한 때의 혈기왕성한 분노일 뿐이라 여긴 것이다. 이토 내각은 작년 12월 제 5 의회를 해산하고 지금 또 제 6 의회를 해산하니 정부와 국민 간의 알력은 최고에 다다랐다. 이러니 어찌 능히 대외를 향한 기력과 준비를 가질 수 있겠는가. 하물며 정여창(丁汝昌)은 함선을 이끌고 일본해(동해)를 떠돌며 일본 해군은 매우 미약해 논할 가치도 없다고 보고하니, 그들은 무슨 여유가 있어 군사를 해외에 파견할 수 있겠는가. 이는 곧 미리 선수를 치면 남을 누를 수 있다는 병법을 모방한 것뿐이었다. 설령 톈진조약이 엄연히 존재한다하나 이 또한 단지 종이 위의 사문(死文)에 지나지 않으니 어찌 이를 사수할 필요가 있겠는가. 그럼에도 정여창은 조선 정부의 희망이란 명목하에 군사들을 훈련시켜, 하나는 조선정부로 하여금 대국의 은혜와 위엄을 알리고, 또 하나는 일본 정부로 하여금 질풍노도 아래 반항하는 여지를 없애버리려고 비밀히 직례(直隷, 중국 하북성을 말함) 총독 이홍장에게 편지를 보냈다. 그리고 이내 그 안건은 채택되어 조선정부에게 만약 귀 정부가 동학당 토벌을 위해 대(大) 청국 파병을 요구한다면 대청국은 그 의뢰를 받아드려 많은 군대를 파병하겠다고 종용하니, 무력하고 의지할 데 없는 조선정부는 이내 그 감언에 속아 파병을 의뢰하였다.

이에 따라 원세개는 거듭 이를 이홍장에게 알리고, 이홍장은 부하인 직례 군사 3영(營) 1500명을 위해위(威海衛)에서 출발해 아산에 상륙시킴으로써 원세개의 요구를 받아들였다. 게다가 일본 외무성은 그 동안의 소식을 북경 주재 고무라(小村) 대리공사로부터 수시로 보고받았던 터라, 일본정부는 6월 모(某)일 청 군사에 대항할 혼성여단을 파견하기로 결정하였다. 하지만 병무에 관한 지식이 없던 이토 수상은 혼성여단의 병사 수를 2000명 내외가 될 것으로 생각하여 가능한 전쟁을 피하는 쪽으로 방침을 세워 일을 마무리하려고 하였으나, 마침내 출병에 이르러서는 참모본부의 계획을 따르는 수밖에 없다고 판단, 참모본부는 혼성여단 조직을 제 5사단으로 명명, 오시마 요시마사(大島義昌)를 사단장으로 하여 출발시켰다. 그런데 그 병사 수가 7000명을 넘자 정부의 낭패는 이만저만이 아니었고 그 때문에 이토 수상은 사직설이 나돌기도 하였다. 이렇듯 부화(付火)의 성공을 본 가와카미 참모차장은 은밀히 회심의 미소를 지으며 태연하게 전시 때 혼성여단은 통상 7000명으로 구성된다고 말하였고, 전혀 생각지도 않고 무사안일 일변도였던 이토 내각은 이제 와서 주전당(主戰黨)에게 보기 좋게 속은 것을 뒤늦게 알아 차렸지만 이미 많은 병사가 출발한 후여서 대책을 강구할 방안도 없이 다만 멍하니 침묵하였으니 이는 제국 팽창사 중 일대 희극이었다.

한편 당시 경성 모습을 말하자면, 인천과 경성 간에는 일본 병사가 가득하였고, 오시마(大島) 공사가 선두에 서 해군육전대의 호위를 받으며 경성에 입성하니, 아직 청국 군대가 아산에 주둔한 사실을 모르는 각국 공사들 중에는 일본이 많은 군대를 파견하여 쓸데없이 문제를 일으키려 한다고 분개하는 자도 있었다. 그러나 이나가키 만지로(稻垣滿次郎), 후쿠모토 마고토(福本誠), 즈쿠다 노부오(佃信夫), 미야케 유지(三宅雄次), 오카모토 류노스케, 다케우치 고(竹內綱), 하야시 유조(林有造) 그 외 민간유지자들이 속속 경성에 와서 일본 외교를 고무편달(鼓舞鞭撻)하였고, 이 때문에 국면은 완전히 바뀌어 대원군이 입성하게 되었다. 게다가 원세개는 조선정부를 위협하여 그 불신(일본의 입성)을 추궁하였지만, 스스로 버티기 힘들었던지 7월 19일 경성을 떠나 인천에서 텐진으로 도망가 버렸다. 또한 국왕은 깊게 잘못을 뉘우치고 깨달은 바가 있어 마침내 정무 개혁을 대원군에게 일임하니 대원군은 제반 정무를 개혁하고 동시에 오시마 공사에게 위탁하여 아산에 주둔한 청국 군대를 물리치려는 것뿐만 아니라 한청조약 폐기마저 선언하였다. 일이 이렇게 되어서야 일청 대충돌은 마침내 사실상 현실화되어, 7월 28, 9일 아산 성환(成歡)에서 싸움이 시작되었다.

아산에서의 충돌은 일청전쟁의 서막으로, 제국 4천만 동포의 피를 들끓게 하고 해군과 육군이 가는 곳마다 연이은 황군의 승리로 끝나니 마침내 바칸(馬関, 시모노세키〈下関〉의 옛이름) 조약을 체결하여 동아의 맹주 자리를 얻기에 이르렀다. 이것은 본디 선대 황제 폐하의 능위(稜威, 매우 존엄한 위세)와 육해군 군인들의 충성과 용기에 의한 것이라는 하나, 천우협 일파의 참된 사나이들이 한 목숨 바치며 조선 팔도에 불을 붙인 결과로 일청전쟁의 발단을 세차게 불러일으킨 것이니, 연약하고 무능한 당국자로 하여금 어쩔 수 없이 개전(開戰)하게 이르게 한 공로는 결코 사라지지 않을 것이다.

이번 세계 1차 대전은 세르비아의 한 학생이 오스트리아 황태자와 왕비를 저격한 것으로 시작한 것과 같이, 일청전쟁 원인 또한 김옥균이 상하이에서 흘린 한 방울의 피로 시작해서 가와카미 장군의 입에서 나온 부화라는 한 마디가 마침내 천우협을 결성한 것이니 진실로 불가사의한 일이라 할 만하다. 나는 이번 김 씨 23주기 법회에 맞춰, 그의 죽음이 일본의 대팽창과 서로 인연을 맺더니, 그 죽음의 여파에 따른 위대함을 믿는 것과 함께 이른바 겉으로 나서지 않고 안으로 전력을 다해 국가를 위한 희생을 감수하며 역사에 이름을 남기거나 훈작(勳爵, 훈등과 작위)을 바라지 않고 어디까지나 낭인의 길에 열중한 천우협 동지의 위대한 공훈에 감사해 마지않는다.

▶▶ 김옥균 씨를 후쿠자와 선생에게 소개하다 – 이다 산지(飯田三治)[22] 씨 회고

　김옥균 씨가 처음 후쿠자와 선생을 만난 것은 나와 이시가메 후쿠지(石亀福治) 군의 소개에 의한 것이다. 김 씨는 남들도 아는 바와 같이, 매우 열성적인 불교신자로 일찍이 일본에 오기 전부터 경성에 있는 히가시 혼간지(東本願寺) 출장소에 자주 놀러 갔었다. 그리고 그 곳 교토 출신의 히가시 혼간지 사람들과도 상당히 친하게 지내며 그들을 통해 일본 사정이나 후쿠자와 선생이라는 훌륭한 사람이 있다는 것도 알게 되었고, 매달 20일에 있는 아즈마 아소비(東遊, 헤이안〈平安〉 시대의 가무의 일종으로, 큰 칼을 차고 벚꽃을 관〈冠〉에 꽂은 6명 혹은 4명의 남자가 피리·왜금〈倭琴〉 등의 반주에 맞춰 춤을 춤) 의식에 참가하게 되었다고 한다. 그 당시 나는 게이오 기주쿠(慶應義塾)에 용무가 있어 여러 번 미가와(三河)와 교토로 출장 가 있었는데, 어느 날 혼간지에 있는 아쿠비 게이엔(渥美契縁) 스님이 나에게 부탁하며 말하길 "조선에 김옥균이라는 훌륭한 사람이 있는데 그 사람이 불교 연구 및 일본의 위대한 후쿠자와 선생의 가르침을 받기 위해 꼭 일본에 외유하고 싶다고 하며, 나에게 후쿠자

---

22) 본문에는 飯田三次 로 되어있으나, 治가 次로 표기되었음.

와 선생을 중재해 달라는 부탁이 있었네. 때마침 다행히 자네가 여기에 와있으니, 부디 자네가 나 대신에 후쿠자와 선생을 소개해 주지 않겠는가"라는 이야기가 있었기에, 나도 흔쾌히 승낙하고 도쿄에 돌아간 후 이시가메(石亀) 군에게 꼭 김 씨라는 자를 선생께 소개해 드리고 싶다고 말했다. 당시 이시가메 군도 나와 마찬가지로 후쿠자와가 세운 학교(塾)에 다녔기 때문에, 나와 상담하고 나서 이를 후쿠자와 선생에게 말하니 선생도 흔쾌히 승낙하였다. 그런데 아마도 1880년 여름이라 기억되는데, 교토에 있는 혼간지로부터 나에게 편지를 보냈는데 그 내용인 즉 '일전에 말한 김 씨가 지금 교토에 도착했으니, 전에 부탁한 후쿠자와 선생과의 대면을 부탁드립니다'라는 것이었다. 이에 이시가메 군이 서둘러 교토로 마중 나가, 김 씨와 같이 동행한 서광범 두 사람을 도쿄에 데리고 왔다. 그리고 그 때 처음 후쿠자와 선생에게 김옥균 씨를 소개하게 되었으니, 이것을 인연으로 김 씨는 죽을 때까지 후쿠자와 선생에게 신세를 지게 되었고 죽은 후에도 선생이나 이시가메 군에게 신세를 지게 되는 깊은 관계를 맺게 되었다.

나도 이러한 인연으로 김 씨를 비롯하여 조선인들과 깊은 관계를 맺게 되었고, 흡사 후쿠자와 학교에서 조선에 관련된 일들만 하다 보니 이른바 수많은 망명객이나 유학생이 내 손을 거쳐 도움을 받게 되었다.

내가 본 바에 따르면, 김 씨는 불교신자이나 일본에 와서는 불교 융성이란 명목하에, 일본의 힘을 빌려서 조국개혁을 일으키려는 저의가 있었다고 생각된다. 그는 점차 후쿠자와 선생과 친하게 지내게 되었고, 선생의 여러 가지 가르침을 배우면서 조선 개발의 최대 급무는 인재 양성에 있다는 것을 깊이 믿기에 이르렀다. 그 후 얼마 안 있어 조선으로 돌아가서는 서재필을 시작으로 4, 50명의 관비(官費) 유학생을 일본으로 보내며 그에 관한 모든 사항을 후쿠자와 선생에게 의뢰하였다. 그 때 후쿠자와 선생은 이들 유학생을 히로오(広尾)에 있는 "다누키 소바(狸ソバ) 별장"에 머물게 하고 나에게 그 감독을 맡겨 학생들을 선별하였는데, 예를 들면 군사(軍事)에 적당한 자는 도야마(戶山) 학교에 입학시키는 식으로, 경찰, 우편, 관세 등 각각 능력의 정도에 따라 해당하는 과(科)를 배워 익히도록 해 상당한 성적을 올렸지만, 이들 유학생은 김옥균이 일으킨 1884년 정변으로 대부분 전사하였고 단지 관세 사무에 종사하고 있던 4, 5명만이 살아남은 것은 매우 비참할 따름이다.

　1884년 정변에 관해서, 나는 경성에 있던 이노우에 가쿠고로 군과 시종 서신을 주고받으며 개혁사업 준비에 애썼던 사람이다. 하루는 갑신정변을 일으키려고 김 씨가 조국에 돌아갈 때의 일이었다. 김 씨는 나에게 "이번에는 만사가 순조롭게 진행되는 듯하나 성패는 어떨지 알 수 없네. 만일 다행히 일이 잘 된다면 자네에게 전보를 칠 테니 그 때에는 서둘러 와 주게. 아무튼 지금 헤어지는 것도 잠깐이라 생각하나 기념으로 이것을 간직해 주게"라고 말하면서, 자신이 쓴 시(詩)와 조선에서 가져온 발(簾)을 주고 귀국하였다. 나도 은밀히 출발 준비를 하며 김 씨로부터 전보가 오기를 일일천추(一日千秋) 마음으로 기다리고 있었지만, 유감스럽게도 그 계획은 결국 실패로 돌아가니 내 기대도 완전히 부질없는 꿈으로 끝나고 말았다. 그 밖에 말하고 싶은 것이 많이 있으나, 너무나도 길어지기 때문에 이쯤에서 마칠까 한다.

▶ 김옥균 선생을 생각하다 –
미야자키 도텐(宮崎滔天)[23] 씨 회고

내가 처음 고균 선생을 찾아 뵌 것은 1891년경으로, 같은 고향친구인 다지리 잇기(田尻一喜) 군이 소개인이었다. 다지리 군은 당시 선생이 유라쿠초(有楽町)에 있는 임시 거처에 식객으로 있었기에, 나는 시간만 나면 유라쿠초에 있는 다지리를 찾아가 선생이 한가한 틈을 타 조선 문제나 동아(東亞) 문제, 인물평론 등을 경청하였고, 선생이 자신있어 하는 선(禪) 말씀을 삼가 듣는 영광을 얻는 것이 상당히 마음에 들었던 때였다.

선생의 일본어 실력은 훌륭하여 소위 일본통이었던 것은 누구라도 아는 사실이지만, 때로는 일본적인 한어(漢語)가 틀린 경우도 있었다. 어느 날 와다 엔지로(和田延次郎) 군에게 용무를 시키면서 "그 다음의 일은 자네가 인기응변으로 하게"라고 말씀하셨는데, 충실한 와다 군은 "선생님, 그것은 임기응변(臨機應變)입니다"라고 주의를 주었더니, 말이 끝나기가 무섭게

---

23) 1871-1922, 메이지, 다이쇼 시대의 중국혁명 운동가. 자유민권의 선구자였던 형 미야자키 하치로(宮崎八朗)의 영향으로 도쿠토미 소호(德富蘇峰)의 오에기주쿠(大江義塾)에 들어갔다. 1892년 5월 형 하치로의 중국혁명주의에 경도되어 상하이로 간다. 그 후 망명중이던 손문(孫文)을 만나고, 그의 혁명운동의 지지자가 되어 활약. 1905년 손문과 중국동맹회 결성하여, 다음해 중국 · 러시아 혁명운동 지원.

"똑같은 게야. 인기응변(因機應變)으로 그 말을 모르겠는가?"라고 손가락 끝으로 써서 일갈하자, 와다 군은 "송구스럽습니다"라고 머리를 긁적이며 물러난 적이 있었다.

그 당시 선생은 일본에서 유행한 도박에 빠진 적이 있었는데 고지식한 다지리는 어느 날 저녁 자세를 바로잡고 충고하기에 이르렀다. 망명객의 몸으로 도박 따위는 당치 아니하니, 조금은 근신(謹慎)하심이 좋을 것이라고 말하였다. 그런데 선생은 그 말이 끝나기를 기다리더니 "자네는 오이시 구라노스케 전(大石内蔵之助 傳)을 읽었는가?"라고 가볍게 반문하였다. 다지리는 머리를 긁적이자 "읽은 적이 없다면 얘기해 줄까"라고 다시 물었다. 다지리는 아무 말도 못하고 그 자리에서 물러났다. 이런 일화는 너무 많아서 일일이 셀 수가 없으나 이런 하나의 사례에서도 재기발랄하신 선생의 성품 중 한 단면을 엿볼 수 있다.

1894년 초봄 나는 일신상의 중대한 일을 선생에게 상담하고 그 원조를 구하고자 고향인 구마모토(熊本)를 출발하여 도쿄에 왔다. 일신상의 중대한 일이란 이미 돌아가신 형 야조(彌藏)와 약속한 사항으로, 지나에 건너가 지나인 행세를 하면서 일대혁명을 일으키고 흥국(興國)의 기운을 부추겨 조국 일본과 급진적 동맹을 맺어 흥아(興亞)의 기초를 굳건히 해 인륜(人倫)을 주창하며 아세아주 사람들을 노예시하는 백인들을 깜짝 놀라게 하고 싶은 것이 주된 취지로, 우선 지나 본토에 잠입해서 지나의 언어풍속을 숙달하고 훌륭한 지나인으로 행세할 때까지 두 사람의 비용을 만원으로 어림잡고 선생에게 상담하여 그 만원을 마련해 받으려는 것이었다. 이 문제를 선생에게 가져오기로 결정할 때까지는, 누가 좋을지 여러모로 짐작해 보았으나, 지금의 유지가, 정치가와 상담하기에는 너무나도 일이 원대하여 아무래도 도와줄 사람이 없을 것 같았다. 다만 한 사람 아라오 세이(荒尾精) 군이 있었지만 그 사람의 심중에는 반드시 지나 점령주의가 숨어 있음에 틀림없기에 점령주의는 인륜을 반할 뿐만 아니라 영원한 평화를 유지하는 방법이 아니어서 그렇다고 서로 다른 주의자에게 원조를 구하는 것은 도리가 아니었다. 그런데 김옥균 선생은 만물을 꿰뚫어 보는 안목을 지닌 지사로, 더구나 조선 천하를 쥐려는 순간 나라를 잃고 결국 남의 지배를 받는 나라에서는 적극적인 활동의 근거지가 될 수 없음을 깨달은 사람이다. 이 사람에게 우리들의 뜻을 털어 놓는다면, 반드시 동의해 줄 것이 틀림없다. 그가 동의만 해 준다면 돈은 어떻게든 변통해 줄 거라고 20세 전후의 형과 동생은 자신들 좋을 대로 판단하고 동생인 내가 교섭의 임무를 갖고 상경한 것이었다.

　나는 신바시(新橋) 정거장에서 곧바로 유라쿠초에 있는 선생의 거처를 방문하였다. 그러나 선생은 부재하셨기에, 이어

전부터 동지라 생각한 다지리 군을 찾아가 상경한 이유를 털어놓고 선생이 있는 곳을 물었더니, 현재 비밀요건이 있어 시바우라 미바라시(芝浦見晴)에 있는 해수욕장(지금의 다케시바관〈竹芝館〉)에 은신해 있다고 말하고선 지금 둘이서 그곳을 방문하자며 동정해 주었다. 그리고 이내 뜻을 모아 그곳을 방문하였을 때, 선생은 손님과 있어 우리를 따로 별실로 안내하며 술과 안주를 내오더니 잠시 동안 기다려 달라고 하였다. 그리고 나는 다지리 군과 함께 술 마신지 약 한 시간, 선생은 평소의 경쾌한 목소리로 "뭔가 재미있는 일이라도 있는가?"라고 말하면서 책상다리를 하고 앉았다. 나는 "실은 약간 비밀스런 상담이 있어 결국 상경하였습니다. 손님과의 용무가 끝나시면 한 시간 정도 말씀 나누고 싶습니다"라고 말하자 "오늘밤은 달이 환히 밝으니, 다지리가 어선을 부탁해 바다에 나가는 것은 어떤가?"라고 대답하였다. 나는 그 말에 이미 기쁨에 차 가슴이 두근거렸다. 다지리 군은 즉시 일어나 주인집 부인에게 어선을 부탁하였다. 그리고 하녀로부터 어선 준비가 되었다고 전해 들었다. 우리들은 뒷문을 나와 바닷가로 가 어선을 탔다. 뱃사공은 노를 젓고 밝은 달은 하늘에 떠 있자, 이윽고 어부는 선두에 서서 그물을 던져 그물에 걸린 작은 물고기를 잡고는 다시 던지고 잡고를 반복하였다. 선생은 "이거 참 유쾌한 정경이군"하고 술잔을 들어 나에게 건네며 "그럼 중요한 상담이라는 걸 들어볼까"하고 나를 위해 일부러 이야기 서두를 꺼내 주었다. 나는 배안에서 정좌하고, 나의 이른바 용건이라는 것을 자세히 설명하였다. 지금 생각해 보면 그토록 총명한 선생에게 소년의 천하 대계, 그것도 세계의 대세부터 설명하기 시작해서 동양의 현 상황 그 중에서 지나 혁명의 기회가 다가왔음을 거침없이 한 시간이나 떠들어 댔으니, 그 듣는 괴로움이란 충분히 짐작하고도 남겠지만 소년 혁명가의 마음에는 자신의 뜻 이외에는 조심이고 배려고 없었다. 조선은 무능하게 남의 지배를 받는 나라로 아무리 해도 소용이 없으니 이를 구하는 방법도 동양의 대세에 따르는 외에 특별히 대책도 전략도 있지 않다고 극언하며 그 도움을 구하였다. 선생은 나의 장황한 이야기가 끝나자 "재미있군, 자네와 난 인연인가보네. 내 생각과 서로 맞는 것 같네"라고 무릎을 치며 "나 또한 많은 일본인을 만났으나, 자네처럼 탁월하고 진지한 논의는 처음 들었네. 실은 나도 같은 생각으로 가까운 시일에 지나에 갈 생각이네만…" 나는 그 말이 끝나기도 전에 "그렇다면 그 때 함께 데려가 주십시오"라고 다그쳤다. 선생은 '잠깐, 조금만 기다리게. 이번에 가더라도 한 달 가량 후에 돌아오네. 돌아오면 확실히 돈이 = 꽤 큰 돈이 생긴다네. 이것은 극비 사항으로 다지리 군도 그런 마음으로 들어 주게, 자네가 일신상의 큰일을 털어 놓고 상담하였으니 나도 숨김없이 이야기하겠네만, 도야마 군, 후쿠자와 군,

고토 군 이 세 사람과 내밀하게 상담한 것이 있기 때문에 틀림없이 돈이 생기지. 그리고 그 돈을 갖고 두 번째 지나행을 하세. 실은 나도 지나에 영주(永住)할 생각이야. 아시아 문제는 지나의 흥망에 따라 정해지지. 조선이 결국 무엇을 할 수 있겠는가, 그것은 단지 발판일 뿐일세. 난 적어도 조선이란 작은 문제는 하찮게 여기고 있어. 그것을 내다 본 자네의 말을 들으니, 나는 매우 기쁘네. 안심하게, 한 달 후에는 실행할 수 있으니…" 하지만 나는 한층 더 다그쳤다. "한 달 후의 일은 그렇다 치고, 저는 이번에 꼭 선생과 함께 동행하고 싶습니다, 그것은 주제넘은 주장이 아닙니다, 듣자오니 선생께서는 자객이 늘 따라다닌다고 하니 제가 호위의 임무를 맡고 싶습니다" "아니, 후의는 고맙네만 자네는 안되네. 이번 지나행은 비밀이 중요시되는 만큼, 자네의 용모나 풍채로는 남의 이목을 끌어서 곤란해. 이번에는 자네도 알고 있는 엔지로를 데리고 갈 생각이야, 나이는 어리나 충실한 녀석이니 안심하게나. 그렇지만 결국 그것도 말만 그렇지, 수백 수천의 호위가 있어도 죽을 때는 죽는 게 인간 만사 운명일세. 호랑이 굴에 들어가지 않고 새끼 호랑이를 얻을 수 없지. 이홍장이 나를 속이려 공손한 말로 맞이한다 하나, 내가 놈을 속이려고 그 배를 탄다네. 상대편에 가서 그 즉시 죽임을 당하던가 아니면 옥에 갇히게 되면 그것으로 끝나지. 하지만 5분이라도 이야기할 시간이 주어지면 내 것이야. 하여튼 문제는 한 달 안에 정해지네. 그때까지 고향에 돌아가 내가 전보 한 통 보내면 어디에 있더라도 올 수 있도록 형과 준비해 두게. 이야기는 이것으로 끝내고, 오늘 밤은 실 컷 마시는 게 어떠한가?"라고 재차 술잔을 건넸다.

나는 그가 말한 마지막 부분에 불안감을 느껴 재차 호위해드리고자 간절히 바랬으나, 선생은 "괜찮네. 괜찮아"하고 사양하시더니 무슨 노래인지 조선어로 노래를 부르기 시작했다. 노래를 마치자 나에게도 노래를 청했다. 나는 도카이 산시(東海散志)의 "여기 이향인과 함께 뜻을 이야기하니(談志共是異鄕人), 오직 둥근 달만 마음을 비추고 있구나(照心唯有一輪月), 달빛은 하늘에 가로 걸려 천리 길을 비추고(月橫大空千里明), 바람은 금빛 파도를 일으키며 멀리 소리 내는구나(風搖金波遠有聲), 밤은 적적한데 아득한 곳을 바라보니(夜寂々望茫々), 뱃머리에 서서 오늘밤 정을 어찌 견디랴(船頭何堪今夜情)"라는 시를 읊으니, 별달리 재주없던 다지리 군은 뱃전을 두드리며 유쾌하게 흥을 맞출 뿐이었다. 이러던 사이 어부는 수많은 물고기를 잡아넣고, 또다시 그물을 던지던 순간 작은 물고기 세마리가 배안으로 뛰어 들었다. 선생은 길조다 하여 더할 나위 없이 기뻐하더니 재차 축배를 들고 노래를 부르면서 해수욕장에 돌아왔다.

다음 날 나는 작별을 고하고 고향에 돌아와, 형인 야조에게 선생과 있었던 일을 보고하였다. 형은 매우 기뻐하며 즉시 맏형으로부터 물려받은 전답을 전부 팔아 치우고, 나도 집 팔고 토지를 저당잡은 돈을 갖고 (나는 아내와 자식이 있기 때문에 토지를 파는 것만은 어머니가 극구말류하셨다) 아라오(荒尾) 마을을 떠나 구마모토 시(熊本市)로 가 집 한 채를 임차해서 아내가 하숙집을 차려 스스로 먹고 살 수 있도록 한 다음, 고균 선생의 전보 한 통에 달려 갈 수 있게 준비 정돈하고, 형도 내 집에 같이 동거하며 희소식이 오기를 기다리고 있었다. '내일 여길 떠난다'라는 전보가 나가사키에 있는 엔지로 군으로부터 왔다. 우리 모두는 손꼽아 상하이 도착 전보를 기다리고 있었다. 이틀 후 전보가 왔다. 꺼내 보니 '아버지 돌아가시다. 자세한 이야기는 만나서 함'이라고 쓰여 있었다. 엔 군의 전보였다. '아버지'는 조선말로 엔 군이 선생을 부르던 경어였다. 우리들은 마치 꿈에서 깨어난 듯 놀라, 도저히 죽었다고 생각할 수 없었다. 그리하여 도쿄에 있는 고구레 나오지로(小暮直次郎) 군에게 전보를 보내어 확인해 보니 그 답장 또한 엔 군의 전보와 마찬가지였다. 그리고 그 날 저녁 '김옥균 씨는 동행한 조선인 홍종우에 의해 살해당했다'고 하는 호외가 퍼졌다. 이제는 의심할 여지가 없었다. 나는 형과 함께 울었다. 그러던 사이 다나카 겐도(田中堅道) 군이 한 손에 호외를 가지고 왔다. 그도 진위를 의심하고 있었다. 우리들은 엔 군과 고구레 군의 전보를 보여주자 다나카 군도 이제는 의심할 여지가 없이 눈물을 흘리고 장탄식을 하니, 아아 나의 꿈은 끝났구나 하고 부르짖었다. 그는 조선 문제에 관해 선생과 은밀히 약속한 바가 있었던 것이다. 며칠 후 나가사키에 있던 엔 군으로부터 한 통의 전보가 왔다. 구마모토에 들리지 않고 곧바로 상경할 터이니 우리들도 즉시 상경해 달라는 것이었다. 나는 귀성 중인 다지리 군과 함께 도쿄로 서둘러 갔다. 그리고 엔 군을 만나서 그 자초지종을 듣고 새삼스레 비통한 눈물을 흘렸다. 이런저런 일들이 지난 후 선생의 장례식이 준비되었다. 그 장례식장에서 내 이목을 끈 한 인물이 있었다. 나는 다지리 군의 소개로 그 사람과 서로 알게 되는 기회를 가졌다. 그리고 만나면서 더욱 그 사람을 공경하게 되어, 형 야조를 불러 둘이서 그 사람과 만나, 일찍이 고균 선생에게 털어놓았던 바를 숨김없이 말하고 원조를 구하였다. 그 사람은 말이 떨어지자마자 "시기가 올 때까지 지나 상관(商館, 외국 상인이 영업을 하는 상점)에 머물며 지나의 언어풍속을 습득하는 것은 어떤가?"하고 흔쾌히 말씀하셨다. 이야기를 마친 후 형은 그의 소개로 요코하마에 있는 지나 상관에 들어가게 되었고, 나는 일단 태국에 건너가 신천지(新天地)를 개척하게 되었다. 도대체 이 인물이 누군가하면, 고균 선생과 의형제를 맺은 나가사키 거사 와타나베 나구사(渡辺南崎岬) 선생이다. 나는 반 년 후 형의 급한 전보를 받고 태국에서 귀국을 서둘렀다. 그리고 형은 내가 요코하마에 도착하기 이틀 전에 죽었다. 나는 형의 장례식을 마치고 낙담에 빠져 있을 때, 같은 고향 친구인 가니 조이치(可兒長一) 군이 와서, 나를 이누카이 쓰요시(犬養毅) 선생에게 소개해 주었다. 이것이 인연이 되어 이누카이 선생의 원조 아래 나는 남청만유(南淸漫遊)의 당초 결심을 이룰 수 있었다. 그런데 이누카이 선생과 고균 선생 또한 관포지교(管鮑之交) 사이였다. 아아, 인연이구나. 덧없는 세상은 선과 악 모두 인연으로 맺어져 얽기고 설키면서 돌고 돌아 앞으로 나아가는 것이다.

▶ 김옥균, 자객을 속이다 –
와다 엔지로(和田延次郞) 씨 회고

지운영이라는 자객이 민영익 일행의 명을 받아, 김과 박 등 일본당을 암살하기 위해 멀리 일본에 건너와 도쿄 야자에몬초(彌左衛門町, 현재 도쿄 주오구 긴자〈中央区銀座〉)에 잠입해 있었다. 그런데 김과 박 일행은 이미 그러한 사실을 알고 도리어 상대방을 속이려고 은밀히 유혁로 등과 같은 동지에게 계략을 내려, 어느 날 지운영을 방문하게 하였다. 유혁로 일행에게 이러한 계획이 있다는 것을 전혀 몰랐던 그는, 흔쾌히 유 씨 일행을 맞이하며 조국의 현실에 관해 연조비가(燕趙悲歌, 중국 춘추전국시대 연나라와 조나라에 세상을 비관하여 슬픈 노래를 부른 사람이 많았다는 뜻)의 비분강개한 이야기를 털어 놓았다. 그 때 유혁로 일행은 완전히 잘못을 뉘우친 것처럼 속여 "우리들은 지난 번 김옥균 일행에게 속아 녹립당을 위해 온 힘을 다하였으나 그와 같은 소인배와 일을 도모하는 것은 결국 거사를 실패한 원인일 뿐만 아니라, 망명 이후 그가 우리들을 대하는 냉담한 태도는 실로 말로 다할 수 없다. 그러므로 우리들은 이제 그들 김과 박과 절연했을 뿐 아니라 오히려 그들을 죽여 조국에 죄를 사하길 바랄 뿐이다. 생각건대 당신 또한 김, 박을 죽이려고 생각한 자일 것이다. 이왕 일이 이렇게 됐으니 간담상조(肝胆相照,

서로 진심을 터놓고 친하게 사귀자는 뜻)하여 그 뜻을 하나로 모은 이상, 차라리 협력해서 빨리 김, 박 무리들을 죽이는 것이 어떠한가?"하고 진심어린 얼굴에 뜨거운 말투를 보였더니, 지운영은 크게 기뻐하며 "나 또한 조국에 충성을 다하고자 왕명을 받들어 김, 박을 처단하려고 여기에 왔는데, 다행이 두 사람의 원조를 얻어 그 목적을 달성한다면 비단 우리들의 숙원만은 아니요"하고 크게 속아 넘어갔기 때문에, "그렇다면 어떻게 해서 그들을 죽일 셈인가. 일본처럼 경찰력이 발달한 곳에서 그 목적을 달성하기에는 매우 곤란한 사정이 있으니 당신처럼, 우리들과 달리 왕명을 받고 그 임무를 따르는 이상 사전에 충분한 준비를 하여야 할 터인데, 과연 당신이 일본에 온 것이 왕명에 의한 것이라 한다면 청하건대 안심하고 그 증표를 보여주시오. 우리들은 맹세코 반드시 그 비밀을 지키겠소"라고 말하며 조금씩 지운영의 자백을 유도해 보았으나 그도 그것만큼은 쉽게 말하지 않았다. 역시 완강한 녀석이라 알아차린 유혁로는 지금이다 싶어, 돌연히 고압적인 태도로 바뀌더니 "우리들은 당신을 우리 동지라 믿고 우리의 진심을 꺼내 그 소신을 밝혔음에도 불구하고, 당신은 아직도 우리들의 믿음이 깊지 않은 듯 모든 걸 숨기고 말하지 않는 것은 우리들을 속이는 것이라 하겠다. 일이 이미 여기에 이르렀으니 부득이 여기서 당신을 죽이고 우리 또한 죽는 것이 상책이다"고 당장이라도 달려들 기세였기에 그 무서운 얼굴에 놀란 지운영은 아연실색된 나머지 말을 진정시키며 "그건 매우 성급한 생각이네. 나는 결코 자네들을 의심하지 않으니, 그 증거로 모든 걸 숨김없이 털어 놓겠네"라고 말하며, 김과 박을 죽이라는 국왕의 조서와 독약, 칼 등을 보여주었다. 이를 본 유 씨 일행은 마음속으로 실소를 금하지 않았으나 일부러 정색을 하며 "이제 당신의 진심을 의심할 여지없으니 다만 우리들은 당신을 따라 견마지로(犬馬之勞, 주군이나 남을 위해 진력함)를 취할 뿐, 그러나 당신이 도쿄에 온 것에 관해 일본 정부의 감시가 적지 않고 어쩌면 조만간 당신을 구속하여 가지고 있는 소지품을 조사한다는 풍설이 있으니, 만약의 경우 당신 신변에 잘못이 있어 그 목적을 이루지 못할 수 있을 뿐만 아니라, 이러한 물품이 발각되는 날에는 그로 인해 국교 문제가 야기되지 않는다고 보장하기 어려우니 차라리 우리들에게 그것을 맡겨 안심하는 것보다 나을 것이 없다고 교묘히 설복하자, 그는 놀라는 한편 기쁜 마음에 그렇다면 아무쪼록 두 사람이 보관해 달라고 하며 고분고분 그 말을 따르니, 유 씨 일행은 크게 기뻐하며 확실히 보관해 놓겠다고 말했다. 이리하여 감쪽같이 빼앗아 지운영은 결국 어떤 일도 이루지 못하게 되었다. 그리고 즉시 빼앗은 소지품을 경찰에게 넘겨주어 지운영을 나가사키에서 국외로 추방시켜 버렸다. 이것은 유 씨 자신의 이야기로 재미있게 기억하고 있다.

▶▶ 김 씨를 지나에 보내다 –
미야케 효조(三宅彪三) 씨 회고

　김옥균 씨가 마침내 상하이에 가게 되었을 때, 나는 고토 쇼지로(後藤象二郎) 백작과 교섭하여 이천 원을 받은 것 외에, 후쿠자와 선생에게도 부탁하여 약간의 돈을 받았습니다. 이 돈은 지나에서 필요한 선물과 여비로 쓸 목적이었습니다만, 모두가 아시다시피 김 씨가 그러한 사람인지라 도쿄를 출발할 때에는 대부분의 돈을 다 써버린 관계로 다만 얼마 남지 않은 여비만 있었을 뿐이었습니다. 그래서 선물도 생각한 만큼 살 수 없었기에, 도야마 씨로부터 산조(三條)의 고카지무네치카(小鍛冶宗根)란 명검을 받고 저도 뭔가 선물 하나를 준비해 드렸습니다.

　김 씨가 도쿄를 출발할 때, 그를 배웅한 사람은 저와 도야마 씨뿐이라 생각됩니다. 그는 오사카 오카와하시(大川端)에 있는 고토(後藤)라는 여관에서 이 주일 가량 머물며, 수소문해서 돈을 마련한 후 고베(神戸)에서 배를 타고 출항하였습니다. 그 때까지 저에게 보내온 편지는 현재 저희 집에 있습니다. 그가 마침내 일본을 떠날 때 저에게 보낸 마지막 편지를 제 친구에게 주었는데, 그 친구가 작년에 죽은 바람에 지금 그 집에 있는지 어떤지 모르겠습니다. 또한 그가 나가사키를 출발할 때, 저에게 선물해 준 바둑판은 기념으로 저의 집에 소장하고 있습니다.

김 씨가 홍종우에게 저격당한 일은 전혀 예상하지 못한 게 아닙니다. 저는 누차 김 씨에게 홍은 수상하니 조심하여야 한다고 주의를 주었습니다만 김 씨는, 그는 프랑스에 갔다 와서 암살 따위의 비문명적인 짓은 하지 않을 것이니 안심하라고 말하며 심각하게 경계하지 않았던 것 같습니다. 그러나 저는 홍이 여전히 상투를 틀고 있었기에 방심해서는 안된다고 생각하고 와다에게는 주의하도록 당부해 두었습니다. 그런데도 나의 충고를 듣지 않고, 결국 방심한 탓에 홍에게 저격당한 것은 두고두고 유감스럽기 짝이 없습니다.

그 후 김 씨가 능지처참(陵遲處斬) 형벌에 처해 머리가 남대문에 걸려 있었기 때문에 우리들은 사람을 시켜 그것을 훔치게 하였습니다. 다행히 머리를 훔쳐 가이 군지(甲斐軍司) 씨가 작은 상자에 넣어 가지고 일본에 돌아와 김 씨의 단골 숙소였던 고토(後藤)라는 여관에 머문 다음 저희 집으로 가져왔다는 전보가 왔기에, 즉시 도쿄로 가지고 오도록 전보를 보내고 이어서 고마고메(駒込)에 있는 신조지(眞淨寺)에 매장하기로 하였습니다. 충분하다고는 할 수 없으나 이것만으로 김 씨를 달래고 또한 저 스스로도 위로하는 수밖에 없습니다.

▶▶ 소에지마(副島) 백작의 김옥균 평 − 야마자키 지엔(山崎知遠) 씨 회고

　1892년 아니면 1893년경이라 기억한다. 어느 날 내가 소에지마 백작을 방문해, 이야기를 나누는 도중 우연히 조선경영책에 관해 언급하자 백작이 말하길, 오늘날 김옥균을 조선의 요직에 앉히는 것이 제일 급선무다. 왜냐하면 김 씨는 학문이나 견식에 있어서 또는 인격이나 현대 조선에 있어서 제 1인자일 뿐만 아니라 조선의 유사 이래 일찍이 없었던 큰 인물이기 때문이다. 이것으로써 백작이 얼마나 김 씨를 칭찬하고 있었는지 짐작하기에 충분할 것이다.

▶ 모든 게 다 인연일 뿐 –
와치 시즈오(和知靜雄) 씨 회고

인연이란 묘한 것으로, 나와 고(故) 김옥균 씨와의 관계는
시종 모든 게 다 인연이었다.

내가 아직 서생으로 교바시(京橋) 미나미가야바초(南茅場
町)에 있는 안도 마사타네(安藤正胤)가 경영하는 안과병원에서
일하고 있었을 때였다. 그곳에 김 씨가 후쿠자와 선생이 써 준
소개장을 들고 눈을 치료하러 오셨다. 병은 확실히 트라코마
(전염성이 있는 눈의 결막 질환)였다고 생각된다. 나도 이따금 선생
을 도와 치료해 드린 적이 있다. 그것이 내가 처음 김 씨를 알
게 된 계기였으나, 그 후 나도 독립해 개업하게 되었고 결혼도
하게 되었는데, 그 당시 공교롭게도 김 씨가 아내의 친정인 데
라자와 마사아키(寺沢正明) 집에서 한동안 머물고 있어 내 처
와는 이미 오랫동안 친히 지내는 사이였기에 나도 자연히 김
씨와 서로 가까이 사귀게 되었다. 그런데 김 씨가 데라자와 집
으로 떠나고 난 후에는 자연히 김 씨와 만날 기회가 적어지고,
그가 상하이에 가신 일 등은 나중에 그의 죽음과 관련된 호외
를 통해 비로소 알게 되었다. 그러나 인연이라고나 할까. 그 이
후 무슨 일로 와타나베 요헤이(渡辺与平)라는 유명한 화가의
치료를 맡게 되었는데, 결국 그 분은 내 팔에 안겨 돌아가셨고

혼고(本郷) 고마고메(駒込)에 있는 신조지(眞淨寺)에 매장되었을 때, 나는 뜻밖에도 그 절에 김 씨의 묘가 있다는 것을 발견하였다. 나는 그 전후 사정을 돌이켜 생각해 보면, 일종의 인연이라는 게 있다는 사실을 지금에 와서도 깊게 생각하지 않을 수 없다.

그러나 나는 직업이 직업인만큼, 나와 김 씨와의 관계는 극히 형식적인 것으로 변변한 이야기도 나눈 적이 없지만, 내 아내와 친정집 데라자와와는 상당히 친한 관계였기 때문에 여러 가지 생각나는 얘깃거리도 있을 것이라 생각된다. 데라자와가 김 씨를 알게 된 것은 데라자와가 과거 우에노(上野전쟁, 1868년 7월 4일 무진〈戊辰〉전쟁의 하나로, 도쿄 에도에서 구〈旧〉 막부군과 신〈新〉정부군 간에 일어난 전쟁)에 있었던 아키요시(彰義) 부대 싸움에서 구로몬구치(黒門口, 현재 히로코지〈広小路〉 주변) 수비에 실패하여 홋카이도로 도망간 후, 에노모토 다케아키(榎本武揚) 씨와 친해진 것이 인연이 되어 도쿄로 돌아와서도 자주 에노모토 씨가 있는 무코지마(向島, 현재 스미다쿠〈墨田区〉의 지명)를 방문하였을 때, 에노모토 씨의 소개로 김 씨를 처음 만난 것이 인연이었다고 한다. 이것이 마침내 에노모토 씨의 부탁으로 긴자 산초메(銀座三丁目)에 벽돌로 만들어진 집을 빌려 2층으로 급조해 임시로 김옥균 씨를 거처하게 하였다고 한다. 당시에는 국가를 위해 생명을 바치려는 지사들이 구름처럼 많던 시대이기도 했고,

또한 김 씨가 사람들과 교제하는 것을 매우 좋아한 까닭에 벗을 사귀는 날이 늘어나면서 이누카이(犬養)를 시작으로 많은 서생들이 매일 7, 8명씩 놀러 와, 김 씨의 객실은 항상 사람들이 넘쳐났다. 특히 김 씨는 바둑을 좋아해서 혼인보 슈에이(本因坊秀英) 씨와 같은 유명한 바둑 기사가 찾아 올 정도로 집안은 언제나 사람들로 가득 찼고 지금의 구로다(黑田) 후작의 부군이신 오구로다(大黑田) 후작도 이따금 오시기도 했다. 하지만 그렇게 지내는 사이 김 씨는 일본 정부의 명령으로 오가사와라 고도(孤島)로 유배를 가게 되었고, 뒤이어 재차 홋카이도로 유배의 몸이 되었다.

그런데 그가 홋카이도에 있을 때는 나가야마(永山) 장관이나 아사바(浅羽) 국회의원이 무척이나 많이 도움을 주었다고 하나, 실제로 김 씨는 오랫동안 홋카이도에 머물지 않고 여전히 거의 대부분 데라자와 집에 있었다. 그 당시 데라자와는 체신성(遞信省)에 근무하고 있었는데, 김 씨가 홋카이도에 유배되어 필시 모든 일에 자유롭지 못할 것이라 생각해 여러 가지 방도를 취한 결과, 주임기사(奏任技師)가 되어 홋카이도로 전임하도록 내밀히 이야기가 진행되었지만, 그 사이 관제(官制) 개혁 때문에 결국 그 목적을 이룰 수 없었다고 한다. 여하튼 데라자와는 김 씨를 돌봄에 있어서 매우 후했고, 그를 위해서 자신의 능력 이상으로 돌보았다고 생각되었는지 김 씨 또한 데라자와 집안의 신뢰가 매우 두터워, 당시 데라자와의 딸이었던 나의 아내 기슈쿠(嬌肅)에게 장래 자신의 외동딸 교육을 부탁한다는 등 애정 어린 말도 있었다고 한다. 그가 오가사와라 섬 유배지에서 달을 바라보고 있을 때는 어지간히 쓸쓸하게 느꼈던지, 기슈쿠에게 평소에 쓰던 문장을 보내 주었다. 그러한 고인의 글들은 남김없이 우리 집에 간직되고 있고, 오랜 세월 그의 기념품으로써 소중히 보관하고 있다. 그 외에도 그가 데라자와 집에 있었을 때, 매일 사용하던 바둑판이 지금은 우리 집에 있다. 이것은 김 씨의 애용품으로, 도쿄에서 유명한 당목세공(唐木細工) 명장인 다노모기 겐시치(賴母木源七, 국회의원 다노모기 게이키치〈賴母木桂吉〉씨의 양부)에게 부탁하여 조선의 고귀한 사람이 이용하는 바둑판을 본떠 세 개를 만들게 하였는데, 그 중 하나로 상당히 귀한 것이기에 소중히 보관하고 있다. 내 기억에 의하면, 데라자와 집에는 김 씨가 살아 있을 때 쓴 글들이 상당히 많이 있었다. 최근까지 내가 소장하고 있던 사이고 쓰구미치(西鄉從道) 후작이 김 씨에게 보낸 편지 등은 상당히 귀한 것이다. 그것은 김 씨가 이미 고인이 된 사이고 난슈(西鄉南州)옹의 글을 가지고 싶어 하니, 만일 소장하고 있다면 할애(割愛)를 원하는 내용으로 쓰구미치 후작에게 보낸 편지의 답장이다. 그 답장은 모처럼 부탁하시니 꼭 나눠 드리고 싶다. 다만 형님의 글이 두 폭만 있으니 둘 중 어느 한

장을 고르라는 내용의 편지였다. 조선을 독립시키고 싶은 김옥균 씨가 조선을 정복하고 싶다던 오니시 고(大西郷, 사이고 다카모리〈西郷隆盛〉의 별명) 옹의 글을, 따로 적당한 사람도 있을 텐데 쓰구미치 후작에게 부탁한 것도 재미있지만, 또한 쓰구미치 후작이 흔쾌히 승낙하며 단 두 장밖에 없는 글 중 좋아하는 것을 드린다고 하는 답장도 매우 흥미로운 이야기라고 생각된다. 그런 데라자와가 지금 조선에 있다는 것도 인연이라고 하면 인연이다. 그가 스스로 조선에 가려고해서 간 것이 아니라, 뜻하지 않은 일로 그의 장남이 조선에서 일하게 된 것이 계기였다. 지금 생각해 보면 데라자와도 기대하지 않고 있다가 지금 조선에서 편안한 여생을 보게 된 것도 뭔가 인연 같기도 하다. 요컨대 나를 중심으로 김 씨를 생각하면 어쩐지 모든 게 다 인연일 뿐이란 생각이 드니, 만곡지루(萬斛之淚, 한 없이 눈물이 남)와 함께 일종의 불가사의한 힘을 생각하지 않을 수 없다.

▶ 김옥균 씨의 일기와 절필 –
고야마 에쓰노스케(小山悦之助) 씨 회고

김옥균 씨가 도쿄에 있을 당시 구스(葛生) 씨의 소개로 놀러 오신 것을 시작으로, 그 후 여러 차례 방문하였다. 특히 상하이에 가실 때에는 출발하기 이틀 전 작별인사 차 찾아 왔다. 그 때 그는 "이번에 급히 상하이에 가게 되었는데, 지금까지 자네의 깊은 후의에 아무런 보답도 하지 못하고 가는 것 같아 매우 유감으로 생각하네. 그래서 뭔가 기념이 될 만한 것을 가지고 왔으니 아무쪼록 받아 주길 바라네"라고 말하며, 한 권의 고본(稿本, 필사본)을 내 보이셨다. 그것은 김 씨 자신이 1884년 갑신정변의 전말을 쓴 일기로 기념으로서는 이를 데 없는 훌륭한 것이었기에 소중하게 간직하고 있다. 이번 구스 씨의 권유에 의해 사진판으로 『김옥균(金玉均)』의 삽화로 넣기로 한 것이 바로 고본 내용의 일부분이다.

그리고 그 때 나는 비록 약소하게나마, 작별인사 겸 약간의 돈을 드려 그의 상하이행을 떠나보냈다. 그것이 결국 영원한 작별인사가 되리라고는 물론 예상치 못했다. 상하이로 떠난 그는 그곳에서 나에게 감사의 편지를 보냈다. '거친 풍파로 인해 예정보다 늦어져 지금 상하이에 도착하였다. 출발할 때 각별한 배려에 매우 감사하다'라는 내용의 편지였다. 이것이 바로 그의 마지막 절필이라 생각하고 오랫동안 기념으로 둘 요량으로 매우 소중히 간직하고 있었는데, 이번 기회에 김옥균 유품 전람회에 출품하여 아무쪼록 오랜 친구 모두들에게 보여드리고자 한다.

▶▶ 김옥균 씨의 추억 –
와다 엔지로(和田延次郎) 씨 회고

1. 김 씨는 새로운 삶의 은인

    지금 생각해 보면 1889년 제가 아직 철없던 아홉 살 때였습니다. 저는 부모님을 따라 오가사와라 섬에 가서 그 곳 소학교를 다니고 있었습니다. 때마침 그 해 김옥균 씨는 거의 귀향과 마찬가지인 몸이 되어 우리가 있던 오가사와라 고도(孤島)에서 한 많은 나날을 보내게 되었습니다만, 영웅한일월(英雄閑日月, 영웅은 마음에 여유가 있다는 뜻)이란 말도 있듯이, 김 씨는 완전히 세상사를 잊은 듯 매일 학교 수업을 마치고 귀가하는 많은 아이들을 불러 모아 여러 가지 물건을 주거나 장난치고 뛰어다니며 그날그날을 보내고 계셨습니다. 그러한 까닭에 우리들도 거의 매일 김 씨한테 이끌려 자주 놀러 가게 되었습니다. 그런데 김 씨가 수박을 매우 좋아하셨기 때문에, 저는 집에서 5리(里, 1리는 약 3.9km)나 떨어진 학교로 갈 때마다 자주 맛있는 수박을 드렸습니다. 그것이 인연이 되어 저는 김 씨에게 많이 귀여움 받아, 마침내는 김 씨 집에서 통학하게 되었고 김 씨가 홋카이도에 가실 때까지 그의 집에서 신세지게 되었습니다. 그 후 1890년 도쿄에서 박람회가 있었던 해였습니다. 저희 집은 이미 도쿄로 이사해 왔었기에, 저도 우에노(上野) 부근에서 뛰어 놀고 있었습니다. 어느 날 김 씨와 매우 닮은 사람이 인력거를 타고 지나가는 것을 봤습니다. 혹시 김 씨는 아닐까 하고 생각하며 그 인력거 뒤를 쫓아 가 봤습니다만, 아이의 발로서는 도저히 인력거를 이길 수 없어 이내 놓치고 말았습니다. 아쉬운 생각에 집에 돌아가서 그 이야기를 하였더니, 그로부터 4, 5일 지나 김 씨가 저희 집에 편지를 보내, 지금은 홋카이도에서 요양차 도쿄에 와 있으니까 꼭 놀러 오라는 내용으로, 당장 찾아가 보니 그는 "네가 도쿄에 있다는 소식은 박람회에 온 오가사와라 사람으로부터 들어 알았다. 나도 이대로 도쿄에 있을 생각이니 예전처럼 내 집에 와 있으면 어떠냐?" 하며 매우 친절하게 권유하셨기에, 저도 흔쾌히 재차 김 씨의 신세를 지게 되었습니다.

그런데 한편으로 김 씨는 지금까지 일본 정부에 연달아 추원(追願, 먼저 제출한 청원에 다시 추가하여 제출하는 청원)하여 도쿄에서의 체류 일을 연장하였습니다만, 이번에는 정부로부터 김 씨에게 도쿄에 있는 것을 자유롭게 해 주는 대신 급여를 일절 줄 수 없다는 기쁜 통지가 와 김 씨도 비로소 다시 살아난 생각에 기뻐하셨고, 저 또한 홋카이도에 가지 않고 오랫동안 도쿄에서 김 씨와 함께 생활할 수 있었습니다.

그렇게 지내던 사이, 어느 덧 수 년이 지나 저도 17살이 되었습니다. 원래 김 씨가 어떠한 목적으로 일본에 계시는지, 또는 실제로 어떠한 계획을 가지고 계시는지 전혀 모르던 저로서는 언제까지 김 씨 곁에서 식모 역할만 하는 것에 다소 불만을 느끼고 있었습니다. 그래서 하루는 김 씨에게 부탁해 남양(南洋, 태평양 적도 부근의 해역)에 가게 해달라고 말해 봤습니다만, 김 씨가 말씀하시길 "네가 그럴 생각이라면 남양에 가도 좋으나 나는 내년 미국에 유람할 계획이니까 그 때 함께 미국에 건너가서 그 나라 학교에 들어가는 게 좋겠다. 굳이 서둘러 남양에 가지 않아도 되지 않느냐"라고 하며, 끝끝내 저를 남양에 보내 주시지 않았습니다. 나중에 생각해 보면, 그 당시 김 씨는 더 이상 일본 정부에 의지할 수 없는 것을 비관한 나머지, 한층 더 미국에 의지하여 거사를 이루고자 생각하고 있었는지 모릅니다. 하여간 그러한 사정으로 인해 저도 하는 수 없이 때가 오기를 기다리며 이전처럼 식모 역할을 하고 있던 중 얼마 안 있어 다음해인 1894년 3월 초 갑자기 김 씨의 명령으로 상하이에 수행하게 되었고 뜻밖에도 거기서 김 씨의 암살이라는 불행을 목격하게 된 저는 영영 김 씨와 헤어지게 되었습니다.

지금에 와서 김 씨가 새로운 삶의 은인이라 생각하며, 상하이 암살 당시를 떠올려 보니 저는 말할 수 없는 새로운 슬픔이 끓어오르는 것을 금할 수 없습니다. 그것과 동시에 저는 당시 나이가 젊었던 관계로 김 씨의 은혜를 갚을 수 없었을 뿐만 아니라 김 씨의 사람됨을 충분히 알 수 없었고, 또한 딱히 당시의 일을 세상에 공개할 만한 자료도 가지지 못한 채 옛 일을 되돌아봐도 어리석은 꿈처럼 기억도 상당 부분 분명치 않음을 깊이 유감스럽게 생각합니다.

2. 위험한 청국행

1894년 3월 초였습니다. 김 씨는 갑자기 저에게 "너는 나와 같이 지나에 가기로 했으니 마음의 준비를 해 두는 것이 좋겠다. 얼마간 서둘러야 할 있이 있더라도 평소대로 하거라. 준비는 어차피 오사카(大阪)에서 할 터이니, 좌우지간 부모 형제는 물론 집주인에게도 일체 비밀로 해 두어라"라고 말씀하셨기에 저도 그런 마음가짐으로 있었는데 그 다음 날 도쿄를 출발하여 오사카에 도착, 오카와하시(大川端)에 있는 이소베 진키치(磯辺甚吉)라는 주로 상인들이 이용하는 작은 여관에 투숙하게 되었습니다. 아무래도 남의 눈을 피해 숨어 지내온 몸이었기에, 김 씨도 저도 가명으로 숙박하니 여관 주인은 물론 오사카 경찰도 김 씨가 온 사실을 전혀 몰랐습니다만, 히가시구(東区) 요도야코지(淀屋小路)에 있는 오치치요(越智チキ) 집에 머무신 도야마 씨와는 사전에 상의가 있었는지 항상 왕래하고 계셨습니다.

그러나 역시 수상한 자들은 민첩했습니다. 조선 정부에서 보낸 첩자 이일직, 권동수, 권재수, 홍종우 4명의 자객은 이 때 오사카에 있으면서 소네자키(曾根崎)라는 이일직의 첩 집에 기거하며 한결같이 김 씨의 뒤를 밟고 있어 이미 김 씨의 소재를 알고 여관으로 찾아 왔습니다. 저는 김 씨가 말할 때까지 그들이 자객이라는 사실을 조금도 눈치채지 못했습니다. 그런데 어느 날 밤 도야마 씨 집에서 돌아오는 도중, 김 씨가 말하기를 "권 씨 형제와 이, 홍 일행은 실은 나를 죽이러 온 일당이다. 하지만 나는 그들 일당에게 죽을 남자가 아니니 걱정하진 않으나, 그렇다고 해서 쓸데없이 다른 사람에게 말할 필요는 없다. 다만 그러한 일당임을 네가 알고 있으면 된다"고 하셨기에 저는 그 때 비로소 그렇다면 방심할 수 없는 자객이라는 사실을 알았습니다. 게다가 놀라운 것은 김 씨의 대담한 행동이었습니다. 김 씨는 저에게 그러한 자객이 사방에 날뛰고 있는 것을 주의주면서도, 자신은 평소처럼 태연하게 조금도 두려워하는 기색도 없이 항상 유쾌하게 왕래하고 계셨고, 저에게 주의를 준 다음 날에는 어디로 갔는지 행방을 알 수 없어 마음을 졸이며 이곳저곳을 수소문해 찾아봤더니 놀랍게도 이일직 집에서 4명의 자객들과 함께 쇠고기 전골을 해 먹고 나서 혼자 거나하게 술에 취해 선잠을 자고 있는 게 아니겠습니까. 저는 실로 혀를 내두르며 그의 대담함에 놀랐습니다. 저는 아직 어렸기 때문에 김 씨가 어떠한 연유로 자객 홍종우 및 청국공사관 통역인 오정헌(吳靜軒)과 함께 상하이에 가게 되었는지 모릅니다만, 그렇게 대담한 사람이고 보니 그들 자객과 같은 무리들을 우습게 여겼던지 홍 일행이 원하는 데로 그렇다면 함께 가자고 말하며 그들을 데리고 간 것은 아닌가 생각됩니다.

한편 오사카에서 체재한 지 거의 20일 동안 만반의 준비를 마치고, 이윽고 3월 28일 고베에서 출항하는 우선회사(郵船会社) 사이쿄마루(西京丸)를 타고 상하이로 출발하니, 김 씨는 일등석, 오와 홍도 일등석, 저는 이등석 표를 사서 함께 승선하였습니다만 오월동주(吳越同舟, 서로 적의를 품은 사람끼리 한 자리나 같은 처지에 있게 됨)란 실로 이러한 경우를 말할 것입니다. 방심해서 만에 하나 일이 생겨선 안된다고 생각하였는지, 김 씨는 사이쿄마루의 사무장 마쓰모토(松本) 아무개 씨에게 부탁하여 낮에는 제가 김 씨의 신변을 지키고, 밤에는 홍이 머무는 객실에 자도록 조치를 받아, 시종 그로 하여금 기회를 틈타지 않도록 하였습니다. 그 때문인지 배 안에서는 무사히 보낼 수 있었고, 27일 오후 상하이에 도착하여 미국 조계지에 있는 동화양행(東和洋行)에 투숙하게 되었습니다.

3. 김 씨의 슬픈 최후

동화양행에서는 김 씨와 제가 2층 1호실, 오가 2호실, 홍이 3호실로 방을 나누어 배정하였습니다. 도착한 날은 별다른 일 없이 무사히 지냈고, 그 다음 날 김 씨의 제안으로 오후 1시에 거류지(居留地)를 구경하기로 하여 우선 마차 3대를 빌리고, 오전 중에 김 씨는 어딘가 용무로 외출하셨습니다. 오는 김 씨의 부탁으로 지나 옷을 사러 나갔고, 홍도 은행에 간다고 말하며 나가 저 혼자만 여관에서 기다리고 있었습니다. 잠시 후 김 씨는 혼자 돌아 왔습니다만, 몸이 좀 안 좋다고 말하더니 윗옷을 벗은 채 침대에 누워 통감(通鑑, 이누가이 씨로부터 빌려 받은 책)을 읽고 있었습니다. 그 자리에 홍도 돌아와서 김 씨가 있는 방 안을 어슬렁거리고 있었습니다. 나중에 생각해 보면, 그 날 홍의 거동에는 의심스러운 데가 있었습니다. 그가 이 날 아침만은 양복을 한복으로 바꿔 입은 것도 그 하나이며, 또한 어딘지 침착하지 못한 기색이었던 것도 그 하나입니다만, 신(神)이 아닌 한낱 평범한 인간으로서는 슬프게도 그 때 그러한 흉변이 있으리라고는 꿈에도 생각하지 못하고, 김 씨의 분부대로 1층 여관 카운터에 있는 사이쿄마루의 마쓰모토 사무관에게 가, 지금 다 같이 거류지 구경을 하자는 전갈을 전하러 갔습니다. 이것이 저로서도 김 씨로서도 일생일대의 실수였고 커다란 부주의였습니다만, 홍에게 있어서는 천재일우(千載一遇)의 좋은 기회였던 것입니다. 제가 계단을 내려가는 도중 그는 재빠르게도 김 씨의 방심을 틈타 숨겨 가져온 권총을 연달아 쏴서, 마침내 김 씨를 죽이는데 성공하였습니다. 저는 그 소리를 정확히 들었습니다. 하지만 그것은 전 날부터 줄곧 듣던 폭죽 소리라고 생각해 그다지 의심도 없이 내려갔는데, 미처 다 내려가기도 전에 위층에서 홍이 마치 날아드는 것처럼 내려와 저를 앞질러 현관 밖으로 뛰어 나가니, 이것을 본 저는 아무래도 이상하다 싶어 그의 뒤를 쫓아 가봤지만 결국 찾을 수 없었습니다. 혹시 만에 하나 김 씨에게 이변이 생긴 것은 아닌가 하는 생각이 들자 갑자기 가슴이 견딜 수 없이 쿵쾅거려 그 즉시 되돌아와서 2층으로 달려 올라가려고 하자, 때마침 위층에서 해군 대좌(大佐, 한국의 대령에 해당됨) 시마자키(島崎) 아무개 씨가 내려와 지금 김옥균이 살해당했다고 말했기에, 아차 하는 생각에 날라 가듯 2층으로 달려 올라가 보니 아니나 다를까 김 씨는 시마자키 대좌가 머문 객실 앞에 쓰려져 있었습니다. 이것을 본 순간 경악과 비애는 참으로 말로 표현할 수 없을 정도였습니다. 저는 곧바로 쓰려진 김 씨에게 달려가 목이 쉴 만큼 큰 소리로 불러 보았습니다. 그러나 애석하게도 김 씨는 이미 죽고, 그의 영령은 헛되이 이 세상을 떠나갔습니다. 이렇게 하여 저는 새로운 삶의 은인인 김 씨와 영원히 작별을 고

하게 된 것입니다.

4. 유해(遺骸) 인도 교섭

김옥균이 돌아가신 지금 모든 것이 다 끝났습니다. 저는 즉시 카운터로 내려가 경찰에게 수속을 밟도록 부탁하고, 또 2층으로 올라가 시체를 살펴보니 오른쪽 뺨에서 머리 윗부분으로 관통한 것이 한 발, 아랫배와 등에 각각 한 발이 관통한 총상이 있었습니다. 뺨에서 머리 윗부분으로 관통한 총상이 아마도 치명상이었을 것입니다. 김 씨가 시마자키 대좌의 객실 앞에 쓰러져 있던 것은 홍을 뒤쫓아 와 그 곳에서 죽었던 것입니다. 이러저러한 사이에 거류지 경찰서로부터 직원이 와서 여러 가지 질문하고 갔습니다. 들은 바에 의하면 홍은 그 날 밤 오송(吳淞)이란 어느 농가에 숨어있는 것을 체포했다고 합니다. 다음 날 도대(道台, 중국지방관청)에서 관리가 오고 일본영사관에서도 관원이 왔으나 단지 수수방관하고 있을 뿐이었습니다. 그 때 도대로부터 시체는 누가 인수할 것인가 물어왔기 때문에 제가 인수할 것이라고 대답하자, 그렇다면 여기에 서명 날인을 하라고 하면서 한통의 승낙서 같은 것을 보여주었습니다. 뭐가 뭔지 잘 몰랐지만 말한 대로 서명 날인을 한 다음, 만일을 위해서 관(棺)에 시체를 수습해도 좋은지 묻자 좋다고 하였습니다. 그래서 10원을 지불하고 관을 구해 그곳에 시체를 넣고 부패를 방지하기 위해 석탄을 가득 채웠습니다. 그런 다음 우편회사에 선적 수속을 부탁하려고 사이쿄마루의 마쓰모토 사무장에게 사정을 이야기하자, 그는 매우 안타까워하며 재빨리 지점 사무원과 교섭하여 선적을 승낙해 주었습니다. 그리고 마침내 다음 날 아침 출항하기로 한 전날 밤, 여러 선적 준비를 하고 있었던 중 일본영사관으로부터 한 관원이 와서 김 씨 시체를 일본에 가져가는 것을 잠시 보류해 달라고 말했습니다. 그 말에 무슨 이유 때문인지 재차 반문해 봤습니다만, 단지 영사의 지시를 전달했을 뿐이라며 왜 그런지 이유를 모른다고 했습니다. 그리하여 저는 직접 오코시 시게노리(大越成德) 영사와 면담하고 그 이유를 물어 보았습니다만, 역시 부득요령(不得要領)으로 다만 보류하라고 말할 뿐이라 저는 그렇게 할 수 없다고 단호하게 거절하였습니다. 그러자 그곳에 있던 부(副)영사 야마자 엔지로(山座圓次郎) 씨가 오코시(大越) 씨가 그렇게 말씀하셔도, 김 씨 시체는 이미 도대가 당신에게 인도하지 않았습니까? 하고 조언해 주었기에, 저는 한층 힘을 얻은 듯한 마음에 크게 기뻐하였습니다만, 오코시 영사는 화가 난 목소리로 그렇다면 자네 마음대로 하게라고 잘라 말한 채 자리를 떠났습니다. 저도 말씀대로 그렇게 하겠습니다 라고 말하며 즉시 배로 돌아와 보니, 관은 벌써 부두에 옮겨져 있어 마쓰모토 사무장에게 조속히 선적할 것을 말했습니다. 그런데 그는 난처한 듯이 지금 막 영사관으로부터 관을 선적해서는 안된다는 연락이 왔다며, 갑자기 선적하지 말라니 도대체 무슨 일이지? 라고 혼잣말하며 난처해하고 있었습니다. 때 마침 그곳에 동아동문서원(東亞同文書院) 학생 두 사람이 와 있어 저희 사정을 알자, 영사의 조치에 크게 분개하며 지금 당장 우리들이 동행할 테니 한 번 더 영사와 교섭하자고 말하며 저를 격려해 주었습니다. 그래서 저희 세 명은 재차 영사관에 몰려가서 영사와 담판을 하였습니다만, 영사는 시치미를 떼며 상대조차 해 주지 않았고 시체를 선적해선 안된다고 말한 것은 우선(郵船) 지점장이지 영사관이 알 바가 아니라는 식으로 말하였습니다. 그래서 곧장 그대로 지점장인 그레함 씨 자택을 방문하여 여러 사정을 이야기하며 선적을 허가해 줄 것을 부탁하자 지점장은 크게 동정하며 안타까운 일이지만 실은 일본 영사관에서 선적하지 말라는 의뢰가 있었기 때문이라고 말한 바, 이것으로 모든 사정은 명료해졌습니다. 그렇다면 가능한 빨리 선적을 하려고 전송나온 사람들의 철수를 기다리고 있으니, 또다시 거류지 경찰서로부터 직원 두 사람이 와서 김 씨 시체나 물건도 당신에게 인도해선 안된다고 말하며 선적을 만류하였습니다. 하지만 과연 거류지 경찰서로부터 온 자인지 아닌지 단지 복장만으로는 믿을 수 없어 신분증을 보여 달라 요구하며 당신들의 명령을 따를 수 없다고 거절하자, 그런 이유라면 일본영사관까지 함께 가자고 해서 저는 좋다고 말하고 다 같이 일본영사관에 갔었습니다. 그러나 무슨 일인지 영사는 도무지 저를 만나주지 않고, 도대체 뭐가 뭔지 전혀 요령부득해 이런 일로 시간을 뺏겨 승선 시간에 늦어서는 큰일이라 생각하고, 당장 배가 있는 곳으로 돌아가보니 이상하게도 부두에 있던 김 씨의 관은 어딘가로 사라져 흔적조차 없는 것이 아니겠습니까. 저의 젊은 피는 거꾸로 치솟았습니다. 저는 발을 동동 구르며 분한 마음에 울고 또 울었습니다. 저는 거류지 경찰서의 불법적 행동을 원망하기보다는 일본영사의 이해할 수 없는 태도를 깊이 미워하고 있습니다. 그러나 이미 모든 일이 끝난 후였기에 저는 하는 수 없이 마쓰모토 사무장의 위로를 받으며 빈손인 채로 귀국하게 되었습니다. 그런데 한편 김 씨 시체는 거류지 경찰서에서 지나 관헌에게 양도되어 자객 홍과 함께 군함에 태워져 톈진(天津)으로 보내고, 다시금 조선으로 송달되어 마침내 그는 참혹하기 이를 때 없는 능지(凌遲) 형벌을 받았다고 합니다. 아, 당시의 일을 회고하며 말할 때마다 항상 저의 마음에 끓어오르는 것은 한 많은 상하이라는 한 마디입니다.

▶ 생각하면 눈물이 납니다 –
고구레 나오지로(小暮直次郞) 씨 회고

생각해 보면 지나간 과거는 망망한 꿈과 같습니다. 김 씨와 친하게 된 것은 유라쿠초(有樂町)에 가 있었을 때부터였습니다. 그 당시 저희 뒷집에 살고 있던 사람으로 이사카 나카오(井坂中夫)라는 분이 계셨습니다. 이 분은 미토(水戶) 사람인데 실업계 사람들과 교제가 넓고 의협심이 매우 강한 분으로 김 씨에게 많은 동정을 느낀 바, 김 씨가 오가사와라 섬에 유배로 가 생활에 매우 곤란해 하고 있을 때, 이사카 씨는 오가사와라 섬으로부터 보내온 김 씨의 서폭(書幅)을 김 씨와 친분이 있는 친구들에게 상당한 가격으로 나눠 팔아서 김 씨의 생활비를 도와주고자 했던, 좀처럼 보기 힘든 도움을 주셨습니다. 저도 옆에서 도와 드리며 비록 음으로나마 김 씨에게 동정을 품고 있었습니다. 그 후 김 씨는 오가사와라 섬에서 홋카이도로 옮겨 재차 도쿄로 되돌아 와 이사카 씨 집에서 거처하게 되었습니다만, 여러모로 집이 비좁고 꽤 불편하다고 하시기에, 저희 집 안채에 있는 방 하나를 김 씨에게 빌려 드리게 되었습니다. 그 이래 점점 가깝게 지내며 찬찬히 김 씨의 사람됨을 살펴보았더니, 어지간한 보통 사람이 아닌 것을 알게 되어 한층 더 친하게 지냈습니다. 그런 까닭에 지금 회상하는 것조차 안타깝게 여기는 것은 김 씨의 상하이행입니다. 김 씨가 시바우라 (芝浦)에 가시기 전부터 지나 공사관 유경분(劉慶汾)과 이일직, 홍종우 무리들이 빈번히 출입하였기에, 저는 마음속으로 만일의 일을 염려하고 있었습니다. 특히 상하이로 가실 때에는 무슨 예감이 들었는지, 저는 이번 상하이행이 매우 위험하다는 것을 느껴 출발한 후에도 온종일 걱정되어 견딜 수가 없었습니다. 그런데 아나나 다를까 그런 비참한 죽음을 당하시고 만 것이 아니겠습니까. 저는 김 씨와 각별히 친한 사이였던 관계로 그 당시의 일을 생각만 해도 눈물이 나, 하고 싶었던 이야기를 다 할 수 없습니다. 저는 김 씨의 죽음을 생각할 때마다, 또한 그의 동지였던 김굉집(金宏集)의 비참한 최후에 울지 않을 수 없습니다. 저는 때마침 경성에 있었는데 김굉집의 마지막 모습을 목격하게 되었습니다. 김굉집이 경성 대궐에 가려던 도중 반대당의 습격을 받아 그 자리에서 참살 당했고, 온몸에 피로 얼룩진 그 시체는 길거리에 질질 끌려 갔습니다. 아주 잔인하게 찢겨진 채 버려진 그의 죽음은 실로 보는 것만으로도 슬픈 모습이었습니다. 저는 조선에서 가장 뛰어난 인물들이, 이러한 최후의 모습을 맞이하게 된 것을 생각하면 한 나라의 개혁 뒤에는 위대한 희생이 있음을 절실히 느꼈습니다. 저도 이미 늙어 관직에서 물러나 살아갈 날도 그다지 많지 않습니다. 가까운 시일 내 고향 구마가야(熊谷)에 은거하려 생각합니다. 다만 아무쪼록 우정이 두터운 김 씨 친구의 손에 의해 무사히 김 씨 표창의 뜻이 세워져, 그리하여 그 자손으로 하여금 김 씨를 기리는 제사가 끊이지 않도록 하는 것을 열망하고 있습니다. 적어도 제가 살아있는 동안에 이러한 기쁜 결과를 보고 싶을 따름입니다.

▶ 이와다 슈사쿠(岩田周作)[24]님 –
이세 고(伊勢幸) 여사 회고

　세월은 참으로 빠릅니다. 이와다(岩田)님이 서거하신지도 어느새 23년이 되었습니다. 마치 꿈과 같습니다. 제가 그 분을 알게 된 것은 역시 여기에 계셨던 와타나베(渡辺)님의 인연으로, 처음 망명해서 요코하마(横浜)에 도착하셨을 때 야마테(山手) 어딘가 사시는 영국인 선교사 댁에 숨어 계셨습니다만, 일본 정부쪽에서 도쿄에 있어도 좋다는 방침이 정해졌기 때문에 도쿄로 오셔서 교바시구(京橋区) 곤야초(紺屋町) 가시바타(河岸端)에 하숙을 하시게 되었습니다. 여하튼 동지 일행이 열세 명이나 계셨는데, 이것 또한 꽤나 큰일이었습니다. 제가 분부를 받아 처음 시작한 일은 열세 분의 일본 옷, 그것도 망명객이라 될 수 있으면 검소한 것을 부탁한 이와다님의 말씀도 있고 해서 한 사람당 1원 20전(錢)하는 쌍올실 목면으로 짠 값싼 옷을, 그리고 이와다님만은 비단 쌍올실로 짠 옷을 준비해 드리는 것이었습니다. 이 열세 분 중에 와타나베 성을 가진 분이 계셨는데 그 분의 체격이 너무 커 옷이 맞지 않아 모습이 매우 어색했습니다. 이를 본 와타나베님은 몸이 왜소하신 관계

---

24) 김옥균이 일본에 있었을 때 쓰던 일본식 이름.

로 자신을 작은(小) 와타나베, 그 분을 큰(大) 와타나베라고 말씀하시며 언제나 크게 웃으셨습니다. 그로부터 어느 정도 시간이 흘러 이와다님이 오가사와라 섬에 가시게 되었을 때 양복을 주문하셨는데, 이것 또한 매우 검소하게 해 달라고 말씀하셨기에, 다른 분도 각각 13원 50전으로 하고, 이와다님의 양복은 19원을 들여 맞추었습니다. 그런데 자신의 양복과 다른 사람 것이 구별되어서는 안된다고 하시더니 앞으로는 주의해 달라고 간절히 말씀하셨습니다. 저 또한 이와다님의 그러한 마음가짐에 진심으로 감동하였습니다. 그러나 오가사와라 섬에서 이번에는 홋카이도로 가시게 되었다가, 얼마동안 체류하신 후 도쿄로 돌아오실 때에는 이전과는 완전히 다른 모습이 되셨습니다. 그 중에서도 특히 옷차림이 화려해졌고 게다가 노름을 좋아하시게 되어 도대체 어떻게 된 일인지 여쭈어 보자, 일부러 이러한 몰골로 하고 있으면 조선쪽에서 안심하고 있을게야 하고 웃으셨습니다. 홋카이도에서 돌아오신 후에는 유라쿠초에 거처를 잡으셨습니다만, 그곳에는 언제나 조선인 동지와 일본인 서생들로 떠들썩하였고, "이런 쌀이 떨어졌네", "생선가게에 갚을 돈이 없네" 하시며 여러 가지 변통을 분부 받았습니다만, 노름에 필요한 돈을 마련하는 것은 정말로 곤혹스러웠습니다. 이번에 이기면 한 번에 갚을 거라 말씀하셨지만 좀처럼 이기지 못하셨습니다. 마침 그 무렵이었습니다. 조선에서 지운영이라는 사람이 사진사가 되려고 일본에 건너 왔다 말하며 찾아왔습니다. 이와다님의 부하 중 한 사람이 그 사람은 수상하니 조심하는 것이 좋다고 말하였습니다만, 이와다님의 동지 중 몇 명은 지운영에게 이와다님의 한심스럽게 노는 모습을 보이고는 우리들도 그의 방종한 모습에 실망하였다고 분개하는 마음을 드러내자, 지운영이라는 분은 사실 자신은 김을 죽이려고 왔으니 자네들도 다 같이 도와주게라고 말하며 조선 국왕의 위임장을 보여주었다고 합니다. 결국 그가 자객이라는 사실이 밝혀지자 모두들에게 뭇매질을 당하고 경찰에게 넘긴 적이 있었습니다. 이러한 일이 있은 뒤, 방심도 부주의도 할 수 없었기에 편지는 모두 저희 집으로 오게 하였고 그 편지는 제가 직접 전해 드렸습니다. 그 때문인지 경찰 쪽에서는 저까지 감시자를 따라 붙게 하니, 직업상 거래처를 돌 때에는 정말로 많은 곤란을 겪었습니다. 생각해 보면 한 순간 꿈과 같았습니다만, 이와다님이 마지막으로 도쿄에서 출발한 것이 1894년 3월 9일이었던 걸로 기억하고 있습니다. 그 전날인가 저한테 오셔서 "잠시 먼 곳에 갔다 오겠네, 일이 잘 풀리게 되면 다행하지만, 만일 일을 그르치게 되면 바보스런 오빠가 있었구나 생각하고 잊어주게" 라고 말씀하셨는데, 그것이 정말로 마지막 이별의 말씀이 되어버리고 말았습니다.

▶ 고균(古筠) 일화 –
와타나베 하지메(渡辺元) 씨 회고

1

갑신[25] 변란으로 김옥균 일행은 결국 경성의 호구(虎口)에서 벗어나 인천으로 도망갔다. 그 곳에서 배를 타 일본으로 도항하려고 배 밑바닥에 숨어 있자 조선 병사 추적대 수십 명이 급히 뒤쫓아 왔다. 그리고 당장이라도 난폭하게 승선하여 배 안을 샅샅이 찾으려 하는데, 선장인 쓰지 가쓰사부로(辻勝三郎) 씨는 성격이 대담하고 쾌남자로, 그들을 향해 이 배는 일본 제국의 선박이니 타국민이 이 배에 한 발이라도 들이는 것을 허락할 수 없다고 큰 소리로 꾸짖자, 과연 난폭한 병사들도 그의 용기에 주저하더니 물러났다고 한다. 당시 김 씨는 쓰지 씨에게 그의 각별한 우의에 감사하며 후일 일이 잘 풀려 뜻을 이루면 그 때 당신이 바라는 것을 가지고 보답하겠다고 말하자, 쓰지 씨는 크게 웃으며 만일 귀하의 말씀대로 뜻을 이룬다면 조선 제일의 미인을 저의 첩으로 주시오 라고 말하니, 김 씨도 크게 웃으며 그 말을 승낙했다. 쓰지 씨는 기슈(紀州) 사람으로 성격이 쾌활하고 의협심도 강해, 김 씨 일행의 사정을 크게

---

25) 본문에는 '진신(壬申)'의 변란(變亂)으로 표기되어 있음.

동정하며 헤어질 때 김 씨 일행에게 말하길, 당신들은 앞으로 망명객이 되어 일본에 살 것으로 생각되니 조선의 이름으로는 매우 불편한 점이 많을 것이다. 다행이 여러분의 승낙을 얻은 바 내가 이름을 지어 드리자 하니, 즉 김 씨를 이와다 슈사쿠(岩田周作), 박영효를 야마자키 나가하루(山崎永春), 유혁로를 야마다 유이이치(山田唯一)라고 지어주고, 그 외 망명객에게도 이름을 각각 지어 주었다. 나중에 김 씨가 홋카이도에 가있는 동안, 쓰지 씨는 배로 홋카이도에 갈 때마다 방문하여 그의 쓸쓸한 마음을 위로하니 서로의 친목이 육친 이상으로 돈독하였다고 한다.

2

고토(後藤) 백작이 마쓰가타(松方) 내각의 농상무대신으로 있었을 때, 히로시마 현(広島県) 우지나(宇品) 개항기념비 건립 개최가 있었는데, 히로시마 현 관계자는 고토 백작에게 선문(選文, 비문 등의 문장을 지음)과 휘호(揮毫)를 부탁하고 마쓰가타(松方) 내각총리에게 전액(篆額, 전자체〈篆字體〉로 쓴 현판이나 비갈〈碑碣〉의 제액〈題額〉)을 부탁하자, 백작은 이 부탁을 떠맡고 있던 차에 어느 날 김옥균 씨가 방문했을 때 그 선문을 김 씨에게 의뢰하니, 김 씨는 흔쾌히 받아들여 그 자리에서 비문(碑文)을 만들어 고토 백작에게 건네주었다. 고토는 그의 달문과 빠른

필치에 감탄하며 휘호까지 김 씨에게 의뢰하였고, 김 씨 또한 그것을 마다하지 않고 그 즉시 선문과 휘호 둘 다 고토 백작의 이름으로 써 주었다. 고토 백작은 이것을 갖고 득의만면한 모습으로 마쓰가타 백작을 방문해, 일전에 히로시마 현으로부터 부탁받은 전액이 다 되었는지 물어보았다. 마쓰가타는 고토가 가져온 선문과 휘호를 한 번 보더니, 그 선문과 서체가 평소 고토가 쓴 것보다 탁월한 것을 수상히 여겨, 고토 백작에서 그와 같이 비상한 재주가 있는 이상 나에게 부탁할 것 없이 쓰는 김에 전액마저 쓰시게 라고 말하니 고토 백작도 그의 부탁을 거절하기가 난처하였다. 그래서 사실은 선문과 글 둘 다 김옥균이 쓴 것이라 실토하자, 마쓰가타 백작도 김 씨의 훌륭한 문장과 글에 크게 감탄하고, 나중에 자신의 이름이 들어간 전액을 의뢰하여 히로시마 현에 전달하였다. 현재 우지나 개항기념비에 있는 것이 바로 그것이라고 한다.

3

김옥균 씨가 도쿄에서 생활하면서 돈 마련이 여의치 않자 지인 와타나베 하지메(渡辺元) 씨 등과 의논하여 서화회(書畫會)를 개최해 임시변통하고자 하였다. 그 무렵 기타바타케 도류(北畠道竜) 씨가 인도에서 귀국하였는데, 그의 명성을 이용하여 서화회의 발기인으로 한다면 매우 성대한 모임이 될 것이라는 논의가 모아졌다. 그런데 공교롭게도 기타바타케 씨를 아는 이가 한명도 없어 어떻게 할 것인가 고민하던 중, 문뜩 내 심중에 떠오르는 기슈(紀州) 사람으로 하코다테(函館) 공소원(控訴院, 현 고등재판소) 판사를 봉직한 쓰무라 스미레(津村菫) 씨가 기타바타케와 서로 아는 사이로, 게다가 현재 도쿄에서 근무하고 있는 와타나베의 지인인 고(故) 마쓰다 마사히사(松田正久) 씨와도 친한 사이인 것이 떠올랐다. 그래서 이 사실을 김 씨에게 말했더니, 김 씨는 크게 기뻐하며 이내 인력거를 불러 나와 함께 마쓰다 씨가 기거하고 있는 이이다초(飯田町)를 방문, 그리고 또 다시 마쓰다 씨와 함께 쓰무라 씨를 방문하고, 재차 쓰무라 씨와 함께 네 명이 줄지어 인력거를 타고 기타바타케 씨를 방문해 그 자리에서 김 씨를 위해 서화회 발기인이 되어 줄 것을 의뢰하였다. 기타바타케 씨도 김 씨의 처지를 동정하여 승낙하였으나 예전부터 김 씨와 별다른 연고가 없어 다른 사람들이 어떻게 생각할지 염려하자, 김 씨는 그 말이 끝나기 무섭게 고개를 내젓더니 크게 인연이 있다고 말했다. 그러자 기타바타케는 궁금해 하며 그 인연이란 무엇이냐고 물으니, 김 씨는 직접 붓을 들어 "단지 태어나면서부터 가난하기는 모두 같다(啻自一窮此なり)"라고 대답하자 그 자리에 있던 사람 모두가 손뼉을 치며 크게 웃으니, 기타바타케 씨도 쾌히 승낙하며 날을 정해 서화회를 단풍관(紅葉館)에서 개최하고자 하였다. 그러나 때마침 그는 오즈 사건(大津事件, 1891년 5월 11일 일본을 방문 중인 러시아 황태자 니콜라이가 시가〈滋賀県〉현 시가군〈滋賀郡〉 오즈마치〈大津町〉에서 경비를 보고 있던 경찰관 쓰다 산조〈津田三蔵〉에게 저격당해 부상당하는 암살미수사건) 발생으로, 선황제 폐하가 몸소 부상당한 러시아 황태자를 방문하러 가신 일이 생기자 사회 분위기상 서화회 개최는 중지하게 되었다.

4

김 씨가 상하이행을 결심한 전년도의 일이다. 와타나베 하지메 씨는 김 씨를 위해 새롭게 히노나미노 아야(日波紋, 눈부신 햇살모양의 무늬)의 하오리(羽織, 일본옷 위에 있는 짧은 겉옷)를 만들어 선물하였다. 김 씨는 새해에 이 옷을 입고 인사차 후쿠자와 저택에 갔다. 후쿠자와 선생은 그것을 보고 히노나미노 아야를 생각한 착상이 기발하다고 칭찬하더니, 며칠 후 후쿠자와 부인이 선생의 지시를 받아 김 씨를 위해 같은 무늬로 만든 의복 한 벌에 속옷까지 더해 선물하였다. 김 씨는 여느 때처럼 후쿠자와 선생의 친절한 마음에 감격하여 새로 받은 옷을 입고 있었다. 그러나 상하이에서 자객의 손에 죽음을 당하였으니. 와다 엔지로는 시체에서 양복을 벗기고 이전에 와타나베 하지메 씨를 비롯해 후쿠자와 집에서 선물로 받은 하오리와 의복을 입혀 침대 위에 눕힌 다음 독경(讀經)을 하였다. 더구나 시체를 일본에 보내려고 할 때에도 하오리와 의복을 그대로 입힌 채 관 안에 넣었다. 그러나 중국 관리에 의해 김 씨의 시체를 강탈당함에 이르러서야. 그 하오리와 의복은 그들의 난폭한 절취(竊取)에 무참히 찢기어졌다.

▶▶ 마지막 전별(餞別) –
가토 도키지로(加藤時次郎)[26] 씨 회고

나는 고(故) 김옥균 씨와 매우 가까운 사이였으나, 의사라는 직업상 바쁜 관계로 동지 회합 등에 참석한 적이 많지 않아 김 씨와 각별한 사이였던 사실을 아는 사람은 의외로 적다.

애당초 김 씨에게는 여러 가지 병이 있었다. 처음에는 그가 나의 친척이자 의사인 요시마쓰 분키치(吉松文吉)를 담당의 사로 하여 치료를 받고 있었다. 그러던 와중 요시마쓰의 소개로 그의 치질을 치료하게 된 후부터는 내가 그의 병을 담당하게 되었다. 이것이 내가 그와 각별한 사이가 된 이유이다. 나도 의사로서는 조금 별난 데가 있는 관계로, 김 씨의 사정을 매우 안타깝게 생각하여 여러 가지 도움을 주었다. 그가 오가사와라 섬에 유배당하기 전, 이를테면 요코하마(横浜)에 있는 이세산(伊勢山)에 유폐되어 있었을 때 나는 경찰의 눈을 피해 노고를 위로해 주었고 또 오가사와라 섬으로 유배당했을 때는 그가 쓴 족자를 사서 돈으로 변통해 주는 등 여러 가지 일을 해

---

26) 1858-1930, 메이지, 다이쇼 시대 의사, 사회운동가. 1888년부터 1890년까지 독일 유학시 사회주의를 접함. 그리고 일본에 와서 가토병원 설립. 사회문제에 관심을 가져 야노 류케이(矢野竜渓), 고토쿠 슈스이(幸徳秋水) 등과도 친교를 맺음.

주었다. 지금 회상해 보니 이세산에 유폐되었을 때 일이었다. 김 씨가 유폐에서 풀려나 그랜드 호텔에 머물고 있었는데 그때 김 씨는 나에게 "여기라면 안심이다"고 말했다. 하지만 당시 가나가와 현(神奈川県) 경찰부장이었던 덴켄 지로(田健次郎) 씨가 찾아 와, 결국 김 씨를 체포하여 오가사와라 섬으로 유배 보냈다. 그 후 나는 지금도 덴켄 지로 씨의 이름을 기억하고 있다.

　이러한 경위로 나와 김 씨는 각별하였다. 어떨 때는 시바우라(芝浦)로부터 심부름꾼이 찾아와 급한 병이 생겼으니 즉시 와달라고 해 만사를 제쳐놓고 달려가 보니, 그는 날 기다리게 해 놓고 좀처럼 나오지 않았다. 나도 조바심이 나 급한 병이라 하면서 뭘 우물쭈물하고 있는가 하고 숙소에 있는 사람에게 호통을 치자, 얼마 안 있어 그가 나오더니 "실은 화투 놀이 중이라 많이 기다리게 했네"하고 태연하게 말했다. 그 말에 나는 울화통이 터져 "급한 병이라 해서 사람을 불러 놓고, 자신은 화투 따위나 치면서 놀고 있다니 무례하기 이를 데 없군. 이러하다면 앞으로 자네의 건강을 책임지고 떠맡는 건 사절이네"하고 크게 화를 내자, 그는 "크게 잘못했네. 다음부턴 그런 짓을 하지 않을 테니 용서해 주게"라고 말하며 잘못을 사과하였기에 후일 이것이 하나의 웃음거리가 되고 말았지만, 여하튼 나와 김 씨는 이처럼 격의 없는 사이였다.

현재 내 집에는 김 씨의 기념품으로 오가사와라 섬에서 보내 준 액자가 있을 뿐, 편지 이외에도 많은 것이 있었지만 사람들이 모두 가져 갔다. 그 중에 가장 아깝게 생각하는 것은 김 씨가 상하이에 가는 도중, 고베에서 보낸 마지막 편지다. 문장은 어지간히 세상의 무정함을 깨우친 듯한 내용으로, 요건은 '이번 지나행은 매우 짧은 일정으로 갈 예정이지만, 조금 길어질 것 같으니 치질약을 많이 보내 주게. 서둘러 보내면 배가 떠나기 전에 받을 수 있을 것 같네'라는 것이었다. 실제로 그는 치질로 인해 온종일 빈혈기에 창백한 얼굴을 하고 있었기 때문에, 여행 중에도 상당히 신경이 쓰인 걸로 생각돼 이런 사정을 편지로 써 보내던 것이다. 그래서 나는 서둘러 한 달치 약을 지어 보냈으나, 이것이 결국 김 씨에게 보낸 마지막 전별이 되었던 것이다.

▶ 고균 김옥균 –
스나가 하지메(須永元)[27] 씨 기고

　고균거사의 성(姓)은 김(金)이요 이름은 김옥균(玉均), 자는
백온(伯溫), 외자(一字)로 고우(古愚), 고균(古筠)은 그 호(號)이
다. 다른 말로는 오근두타(五根頭陀, 여기서 두타는 여러 곳을 떠돌면
서 온갖 괴로움을 무릅쓰고 불도를 닦는 수도승을 말함)라는 호가 있다.
육근(六根, 불교에서 말하는 그 여섯 가지 인식기관으로 안근〈眼根〉, 이근〈
耳根〉, 비근〈鼻根〉, 설근〈舌根〉, 신근〈身根〉, 의근〈意根〉) 중 비근 기능이
빠진 것에서 유래한다. 동시에 일본인 이름으로 이와다 슈사
쿠(岩田周作)라고 불렸다. 나는 그의 동료로서 금년 23 주기를
맞이하니, 지난날을 그리며 떠올리매 체루방타(涕淚滂沱, 눈물
이 그치지 않음)하다.

---

27) 1868-1942, 메이지 시대 한학자, 실업가, 조선독립운동을 지원한 활동가.
　　1889년 게이오 기주쿠 별과(慶應義塾別科)인 독불과에 들어가 대학부를
　　졸업. 1895년 고향에 돌아가, 김옥균이 죽고 난 후 조선 지사를 지원하고,
　　동방협회(東邦協会)나 현양사(玄洋社), 흑룡회(黒龍会) 활동에 몰두하
　　였다. 1895년에는 조선으로 건너가 박영효 집에 기거하였고, 1910년 한일
　　합방 조약이 체결되자, 모든 정치활동에서 물러나 목장경영이나 수력발전
　　소 사업 등에 전념하였다.

1. 조선 제일의 선각자

조선국은 국왕을 비롯하여 백성 모두 이천 년 동안 여러 차례 우리 일본에 조공해 왔지만, 거의 대부분은 지나에 조공해 온 반 속국이다. 우리 일본인을 멸시하여 왜노(倭奴)라고 부르고, 지나인을 존경하는 뜻으로 대국(大國)인이라고 부르는 인습이 오랫동안 사대주의에 젖은 사람들에게 있었다. 그 중에 김옥균은 탁월한 식견을 가져 남들보다 먼저 일본에 건너와 제도나 문물의 거침없는 진보를 보며 국운의 왕성함을 발흥하는데 귀감이 되는 것을 알고, 조선의 정치를 개혁하여 살아 있는 백성을 도탄에서 구해 온전한 독립국가 체제가 되기를 바라는 마음에 박영효, 홍영식, 서광범 일행과 서로 모의하고, 한편으로 일본에 의뢰하여 거사를 일으키고자 하는 바가 깊어 일본의 다케조에(竹添) 공사와 결탁해 국왕 측근 간신배를 없애는 것을 시작으로 거의 성공하였다. 그런데 청국 공사 원세개(遠世凱)가 군사들을 이끌고 간신배를 돕고자 일전을 하였으니, 이에 일패도지(一敗塗地)하여 일본으로 망명한 것은 너무나 아쉬운 일이라 하겠다. 그 고원한 안목에 있어서 조선 제일의 선각자라 말하는 것도 허황된 말이 아니다. 1888년 오가사와라 섬에서 내게 보낸 편지 한 구절에는, 앞으로 언젠가 구미(歐米) 사람이 지나에 가서 거국적 운동에 큰 활약을 하려는 지사가 있을 것이니, 오늘 이에 대한 각오가 없으면 안된다. 우선 지나에 건너가 그 나라의 언어를 배우고 형세를 살피는 것이 가장 현명하다고 적혀 있다. 지금에 와서 이 말을 회상하면 실로 선견지명이라 말할 만하다.

2. 두터운 우의

거사가 도쿄에 도착하자, 나는 일찍이 그의 고매한 품격을 듣고 한 통의 편지를 보냈다. 그러자 거사는 곧바로 "인연을 맺는 길은 곧 하늘과 땅 어디든 매한가지다(道契則霄壤共處)"라는 일곱 자를 써 답장해 주었다. 그 이후 오가사와라 섬으로, 홋카이도로 멀리 유배를 가게 되어 실의에 빠져, 외롭고 고달픔 속에 신산을 맛본 지도 4년이란 세월이 흘렀다. 그 동안 한 번의 만남도 없이 단지 서신왕래만 주고받았다. 그리고 마침내 거사가 일본 정부로부터 사면을 받아 도쿄로 돌아오니, 두 사람은 손을 맞잡고 마음속에 담아두었던 이야기를 나눈 뒤부터 서로 왕래하였다. 멀리 시골에 살던 한 소년인 나를 만나는데 있어서도 귀한 손님의 예로써 다하니, 태음(苔蔭, 봉우리에 낀 이끼)의 우의는 더욱 두터워져 이른바 거사의 인연을 맺는 길이란 이런 것이 아니겠는가.

3. 대담하면서도 세심함

거사는 뇌락기위객(磊落奇偉客, 도량이 넓으면서도 기이한 손님)을 좋아했는데, 지사(志士)는 물론 논객(論客)이나 화족(華族: 작위를 가진 사람과 그 가족), 신상(紳商: 신사의 품위를 갖춘 일류 상인)으로부터 하찮은 좀도둑에 이르기까지 사귐에 있어서 구애됨이 없었다. 그리고 손님이 낮이든 밤이든 집에 붐비는 것을 좋아하여 그들과 선(禪)을 이야기함에 기재종횡(機才縱橫)하니, 하물며 천하의 형세를 이야기함에 있어서야 의논에 거침이 없었으며 때로는 밤을 새워 말하는 기개와 도량은 우주를 삼킬 듯했다. 평소에는 바둑을 두며 근심을 잊고자 하였고, 또한 글을 자주 쓰거나, 시(詩)로 손님들에게 진소유(진관〈秦觀, 1049-1100〉, 중국 북송 때 시인이자 정치가. 자는 少游이고 호는 淮海居士)의 기개를 멋지게 보여 주었다. 어느 날 나는 거사와 함께 박영효가 있는 가나가와(神奈川) 다이코산(大綱山)에 방문하였다. 김과 박 두 사람은 조선어로 이야기하는 동안 날이 저물어 헤어지려고 하자 박은 김에게 절교를 선언하였다. 이 때 김은 스나가가 이 사실을 알지 않을까 하는 마음에 크게 염려하니, 그의 세심함이 이러하였다. 또한 거사가 유라쿠초(有楽町)에 있는 이사카 나카오(井坂中夫) 집에 기거하고 있을 때, 홋카이도에서 데리고 온 한 기생을 쓰키지(築地)에 살게 하고 자주 가셨는데 집안사람들은 이를 알지 못하였다. 하루는 집을 나가 며칠이 지난 뒤 홋카이도에서 낳은 몇 명의 아이를 데리고 왔는데, 집안사람들은 어디서 데려왔는지 알 수 없었다. 나중에 첩의 집에서 데리고 온 사실이 알려져 집안사람들에게 커다란 웃음거리가 되었다. 그 이후 거사가 외출할 때면 또 몇 명의 아이를 데리고 올 것인지 집안사람들은 조롱하였다. 한낱 작은 일화에 불과하지만 역시 김 씨 성격의 세심함이 이와 같다.

4. 재기(才氣)는 많으나 덕(德)은 부족하다

거사가 도쿄에 있을 때, 스스로 경쟁하듯 사치하고 때로는 노름에 빠지거나, 주색에 정신없어 조선의 자주독립 회복 의지를 포기한 사람인 듯 보였다. (나카에 조민〈中江兆民〉 옹은 김옥균이 노는 것에 제격인 사람이라고 말씀하였다) 박영효와 이규완 일행은 이를 염려해 누차 충언을 하였으나, 여전히 그의 행동은 고쳐지지 않고 마침내 절교하기에 이르렀다. 그리고 이것은 자객들을 불러들이는 원인이 되었다. 이일직이란 자는 1891년 일본에 건너와 대원군의 부하라고 칭하며 박영효와 친해지고자 하였다. 그러자 박영효는 편지를 써 대원군에게 보내 그 사람됨을 묻자, 대원군이 답장에서 말하길 '천하에 둘도 없는 악한'이라고 하였다. 몇 해가 지나 나는 거사에게 이일직 일행과의 교재를 묻고 그러지 말 것을 고하니, 거사는 웃으며 말하길 "그가 무엇을 이루리오. 결국은 제 꾀에 빠질 것인데"라고 하였다. 이는 그가 재기발랄(才氣潑剌)한 점은 있으나 남들로 하여금 경외심을 갖게 하는 덕(德)이 부족해, 그리하여 김과 박의 교분이 이전처럼 회복되지 못하거나, 혹은 자객에 속아 넘어가게 되고 말았으니 슬프도다. 다만 인과응보라 얼마 안 있어 자객 홍종우는 굶어죽고, 이일직은 나중에도 재차 나쁜 짓을 저질러 지금도 여전히 조선 감옥에 갇혀 있다고 한다.

5. 거사를 죽인 자는 누구인가

자객 이일직, 홍종우 등과 같은 소인배는 말할 가치도 없는 자들이다. 1884년 거사 일행이 일으킨 정변 실패는 우리 일본 당국자의 외교정책상 실패한 결과이다. 거사를 염열(炎熱)로 타는 듯한 오가사와라 섬으로, 빙산설해(氷山雪海)의 홋카이도로 멀리 유배 보내어 박해에 이르게 한 것은 우리 일본 당국자의 외교정책상 실패한 결과이다. 거사로 하여금 이홍장과 모의하고자 지나로 건너가게 한 것은 우리 당국자의 외교정책상 실패한 결과이다. 그 당시 내각대신이 지나를 두려워 한 것은 현재 오쿠마(大隈) 내각이 영국을 두려워하는 것보다 더욱

심해 결국 거사를 상하이에서 횡사시키고 말았다. 그러므로 당시 우리 일본 내각대신이 조선의 지사 김옥균을 죽였다고 말하기에 이르렀다. 1894년 3월 나는 박영효와 함께 고슈(甲州)에 갔다. 이따금 이규완으로부터 편지가 왔는데, 내용인즉 자객이 왔음을 알리면서도 몇 명인지 파악하는데 어려움을 겪는 바 경계를 게을리 하지 않고, 동시에 조만간 은밀히 도쿄에 가서 알아보겠다고 쓰여 있었다. 그리고 26일 이규완이 박영효를 내방하여 말하길, 자객은 이일직이며 홍종우로 하여금 김옥균을 상하이로 유인해 죽이고, 이일직 자신은 서화회(書畫會)를 개최한다고 속여 당신(박영효)를 유인해 잡아 산채로 가죽자루에 넣어 조선에 보내려는 계획이라고 하였다. 또한 말하길 당신(박영효)는 이미 이러한 계획을 알아채고 만만의 준비를 하였으나 김옥균은 이미 홍종우와 함께 사이쿄마루(西京丸)를 타고 나가사키를 출발하였으니 무슨 방책을 찾아내어 그를 구하지 않으면 안된다. 지금 당장 후쿠자와 선생을 방문하여 위험에 빠진 김옥균을 구해내는 방법을 강구하여야 한다며, 선생을 뵙고 말하길, 선생께서 서둘러 우편회사에 부탁해서 암호 전신(電信)을 사이쿄마루 사무장에게 알리고, 사무장은 이 사실을 거사에게 전달할 것을 상의하였다. 아마도 회사로부터 사무장에게 보낸 암호 전신은 한사람의 승객도 상륙시키기 전에 사무장에게 보고해야 하는 규정이 있기 때문에 반드시 김옥균을 구할 수 있을 것이라고 하니 후쿠자와 선생은 이를 승낙하고 아무개 씨에게 명령하여 우편회사에 부탁하였다. (아무개 씨는 이미 고인으로 박영효의 말을 믿지 않아 우편회사에 부탁하지 않았다) 나와 박영효는 이 방법으로 김옥균을 구할 수 있다고 믿었다. 그리고 난 후 박영효는 자신의 신변보호에 더욱 주의하였고, 나는 하릴없이 하루하루를 보내던 중 느닷없는 비보에 경악을 감추지 못하였다. 당시 나는 경시청이나 외무성에도 이런 사실을 알렸으나 거사를 구할 방책도 못 찾았고 또한 거사의 재난을 구할 수 있었음에도 이렇게 죽음을 맞게 하였으니 천추의 한이라 하겠다. 그러므로 감히 나 스나가 하지메는 친구인 김옥균을 죽였다고 말한다.

6. 천명을 이룬 행운아

인간이 세상에 태어나 나라를 위해 죽는 것은 어렵지 않다. 그러나 죽을 장소를 선택하는 것은 매우 어렵다. 예로부터 영웅호걸은 자신이 죽을 알맞는 장소를 얻기 위해 서로를 비방하는 자가 허다하였다. 그러한 까닭에 거사(居士)처럼 실로 죽을 장소를 얻는 자에게는 공경과 사모의 마음을 억누를 길 없다. 왜냐하면 하나는 김옥균의 죽음으로 동학당이 느닷없이 봉기할 이유가 없으며, 또 하나는 김옥균의 죽음으로 일청 전쟁을 할 이유가 없기 때문이다. 오히려 거사의 재난이 상하이에서 일어나자 동학당이 일어나고 일청 전쟁이 발발하니 세상 사람들 모두가 김옥균의 횡사가 일청 전쟁의 원인이 되었다고 한다. 오늘날 일본이 융성하게 이르는 데 있어 거사 한 사람의 죽음이 이와 관계하는 바가 어찌 크지 않겠는가. 오늘날 조선의 망국을 장탄식하며 말하길, 김 선생이 세상에 살아 계셨다면 결코 오늘날처럼 망하진 않았을 것이라 한다. 아, 슬프다. 거대한 집이 기울어짐에 한 그루의 나무가 능히 이를 지탱하지 못한다고는 하나, 거사를 보니 이처럼 위대한 인물인 거사 또한 편히 눈을 감았겠는가. 거사는 정변 실패한 나머지 쇠퇴한 세력을 만회하고자 하였으나 결국 자객의 손에 죽음을 맞이하여 천추의 한을 남겼지만, 그 죽을 장소를 얻어 혁혁한 명성을 후세에 전하고 죽음으로 명예를 남겼다. 하물며 고국의 멸망을 목도하지 못한 것 또한 천명을 이룬 행운아라 하겠다. 우리들은 산과 들에 숨어 지내며 한 가지 일도 제대로 이루지 못한 채 평생을 장침(長鑱, 긴 자루가 달린 가래)에 의지하면서 죽을 장소도 얻지 못한 채 죽는다면 그 차이는 실로 어마어마하다. 요사이 들리는 소문에 의하면 증위(贈位, 죽은 후에 관위〈官位〉 내림) 논의가 있으나 오늘날 조선의 모습은 거사의 뜻과 사뭇 다르다. 거사의 눈으로 본다면 일본은 적국이며, 적국으로부터 증위 받는다는 것에 무슨 기쁨이 있겠는가. 지금 구천을 떠돌고 있는 거사는 반드시 실소를 금치 못할 것이다. 만일 거사에게 증위케 하여 기뻐하는 자가 있다면, 이는 명절 때 무슨 선물일까 기대하며 풀어보는 다른 매국노와 마찬가지니 어찌 말로 충분하랴. 나는 거사의 심중을 잘 이해하고자 시(詩)를 지었으니 나중에 적고자 한다.

7. 김, 박 일행을 구한 치도세마루(千歲丸) 선장

1884년 거사 일행은 정변에 실패한 후, 심야를 틈 타 일본공사 다케조에의 뒤를 쫓아 인천으로 피신, 그 곳에 있던 치도세마루에 몸을 숨겼다. 다케조에는 선장에게 닻을 올리라고 명령하는 동시에 거사 일행에게 배에서 떠나라고 하였다. 생각건대 다케조에는 조선정부로부터 그들 신상을 요구받았던 것이다. 거사 일행이 뭍으로 오른다면 이미 대기하고 있던 병사에게 체포되어 죽음만이 기다리고 있을 뿐이다. 쓰지(辻) 선장은 거사 일행의 행동이 평소와 다른 것을 수상히 여겨 무슨 일인지 물었다. 그리고 거사 일행의 말을 듣고 그 사실을 알자, 선장이 말하길 공(公)들은 이미 내 배에 탄 이상 타고 내리는 것은 내 손에 있다. 비록 공사의 명령이라고는 하나 따르지 않을 터이니 공들은 안심하라고 하였다. 그리고 쓰지 선장은 다케조에 공사와 의논하더니 거사 일행을 어느 한 객실에 숨기고 화물을 쌓아 거사 일행이 없는 것처럼 하였다. 그리고 조선 관리로 하여금 검사하게 하여 아무도 없음을 확인시킨 후 배를 출발시킬 수가 있었다. 이처럼 쓰지 선장의 강한 의협심은 작년 겨울 도야마(頭山) 옹이 인도인을 도와 준 것과 한 쌍을 이루는 훌륭한 일화로, 요즈음 덴요마루(天洋丸)의 선장 도고(東鄉)의 비겁한 죽음과는 견줄 수 없다. 영국 함대 때문에 인도인 9명을 강제 연행해 간 것과 비교해 보면 감개무량하다.

▶ 김 고균(古筠) 거사 13회 기일제에 올리는 글

(1906년 작)

이 씨(가문)가 왕조를 일으킨 지가 오백년인데, 오랫동안 쌓인
폐단을 없애기 어려웠으니 흥망을 짐작할 만하다

(李氏肇基五百歲 積弊難除幾隆替)

거사는 조적의 돛대(祖逖, 진〈晉〉의 명신 조적은 일찍이 예주자사
〈豫州刺史〉가 되어 황하를 건너면서 돛대를 치고 중국 본토를 수복
할 것을 맹세)를 아직 치지 못하고, 근심을 숨긴 채 늘 가생(賈
誼, 가생은 전한〈前漢〉 문제〈文帝〉 때의 문신 가의〈賈誼〉로, 당대 사
람들이 당대를 치세〈治世〉라 하였지만 그는 홀로 통곡할 만한 것 한
가지, 눈물 흘릴 만한 것 두 가지, 길이 탄식할 만한 것 여섯 가지를
지적하는 상소를 올림, 나라를 걱정하는 마음)의 눈물만 흘렸다

(居士未擊祖逖楫 隱憂常流賈生涕)

독립을 바라며 나라와 가문을 번성시키고자 하였으나, 그의
장한 의지는 한 번의 실패로 일본으로 떠나게 되니

(獨立欲使邦家隆 壯圖一蹶逃日東)

원한이 남아 다시 도모했으나 책략을 이루지 못하고, 결국
상하이에서 분하게 붉은 피를 흘리고 죽음을 맞이했다

(遺恨再擧謀不就 春申浦上寃血紅)

일본군이 청국을 공격하는 것은 다른 뜻이 있어서가 아니라,

이웃 나라와 사귐에 인의를 중시했기 때문이라네

(皇軍討淸非他意 爲是隣交重仁義)

한(韓) 사직이 밝은 빛을 낸다면, 그 때 비로소 그대의 뜻이
이뤄져 나타나니

(韓之社稷生光輝 斯時始見成君志)

왕과 신하의 마음 변화가 무상(雲雨, 두보의 〈빈교행(貧交行)〉
"손 뒤집으면 구름이요 손 엎으면 비이니, 경박한 작태 분분함을 어
찌 셀 거나 있으랴〔翻手作雲覆手雨 紛紛輕薄何須數〕"라고 한 데서
온 말)하니, 조정의 한 무리는 도리어 러시아에 환심을 사고자
하는구나

(詎料君臣雲雨翻 一朝却買俄人歡)

러시아는 범과 이리같이 자기 멋대로 씹고 삼켜, 이미 만주를
빼앗고 점차 한국에까지 이른다

(俄人虎狼恣呑噬 已奪滿洲將及韓)

우리 황제는 매우 분노하여 이에 전쟁을 선포하니, 육군은 날
래고 사나운 기세로 세상을 크게 바꾸려함에

(吾皇赫怒玆宣戰 六師矯々風雲變)

연이어 러시아 병사 백만 명을 무찌르니, 군대가 싸워 이겨
나갈 때마다 우리 병사 자랑스럽기만 하다

(連破俄羅百萬兵 獻凱振旅我武炫)

통감부를 설치하여 한국 조정을 돕고자, 외교 관련 모든 일

을 다 경영하니

(統監開府扶韓廷 外交諸事都經營)

동해 바람은 잠잠해지고 놀란 파도를 거두어들이니, 팔도 산하 잠시나마 안녕을 되찾았다

(東海風靜收駭浪 山河八道姑安寧)

옛일을 떠올리니 교분을 맺어 기대와 절조를 닦고, 비분강개를 논할 때 마음 또한 뜨거웠구나

(憶昔結交磨氣節 慷慨論時肝膽熱)

이제 황제의 위엄이 온 세상을 비추고 있을 때를 만나, 그대가 남긴 독립의 뜻이 끊어짐이 애처롭도다

(今遇皇威輝宇寰 憐君獨立遺志絕)

이승을 떠난 지 어언 13년, 야오야마(青山) 묘지의 땅은 봄기운에 쓸쓸하기만 하다

(幽明懸隔十三年 青山杯土春蕭然)

누런 파초와 붉은 여지(누런 파초〈바나나〉와 붉은 여지로 흔히 제수〈祭需〉의 뜻으로, 〈유주나지묘비(柳州羅池廟碑)〉에서 유래함)가 넋을 부르며 남몰래 목메어 우니, 이런 마음에 편안함을 얻어 구천에 이르시길

(蕉荔招魂暗嗚咽 此心安得達窮泉)

고균거사를 증위(사후에 관직을 높여주는 일)하자는 논의를 들

고 느낀 바가 있다

(聞有贈位古筠居士之議有感)

외로운 마음을 누가 푸른 하늘에 이르게 하겠는가, 헛되이
웅대한 계획 품었더니 쫓겨 난 신하가 되었구나

(孤衷誰復達蒼旻 空抱雄圖作逐臣)

봉래산(조선)에 애처로운 바람이 부는데 오래도록 의로움을
노래하더니, 호성(鄗城, 중국)에서 죽음을 맞이하여 마침내 인
(仁)을 이루다

(蓬島慘風長唱義 鄗城血雨遂成仁)

칭찬하고 총애함이 그 뜻이 아님을 어찌 알리오, 그러니 고인
의 영령을 비웃지 마시오

(寧知褒寵非其志 無乃英靈笑故人)

구천에 떠도는 그를 슬퍼하며 눈물 흘리지만, 백년 사직을 일
본에게 주고 말았구나

(泉壤憐君双涕淚 百年社稷付東隣)

동방(東方) 형제 후쿠사이 은자 (輹齊隱士, 輹齊는 스나가의 호)

스나가 하지메

▶▶ 김옥균 표창에 관한 건의

　　김옥균 씨의 표창에 관해서는 1915년 5월 도야마 미쓰루(頭山滿), 이누카이 쓰요시(犬養毅), 아사부키 에이지(朝吹英二) 3명과 그 외 김 씨의 오랜 친구 동지들이 서명하여, 오쿠마(大隈) 내각 총리대신 및 데라우치(寺内) 조선총독부에 건의한 바가 있었다. 그리고 뒤이어 재차 다음 해인 1916년 1월 귀족원(貴族院)과 중의원(衆議院)에 아래의 표창 건의를 하였으니, 이에 그 건의의 취지를 다음과 같이 부록에 싣는다.

　　조선 개혁당 수령 고(故) 김옥균은 예전부터 세계의 대세를 헤아리는 바가 있었다. 그리고 일찍이 일본에 의뢰해 조선의 악정(惡政)을 개혁하고 지나의 잠식 세력을 억제해 동방 평화의 기초를 확립하려는 것을 기약, 이를 위해 스스로 몸을 바쳐 다하고자 하였다. 그러나 불행히 조정의 흉도들에게 죽음을 당했으니, 그 순수한 충의와 굳은 절개가 훌륭하기에 오늘날 이를 널리 알리고자 한다.

　　생각건대 일본 제국은 유신의 광대한 계획을 크게 이루고 나라의 영광을 국내외로 선양하여 대만을 영유하고 사할린을 되찾더니 다시 한국을 병합하여 오늘날처럼 성운(盛運)에 이르게 된 까닭은 여러 원인이 있다 하겠으나, 일찍이 일청, 일러

두 차례 큰 전쟁을 치른 결과에서 유래하였다고 아니할 수 없다. 어쩌면 일청 전쟁의 대승이 일러 전쟁을 선도(先導)하였으니, 만일 일청 전쟁의 효과가 없었더라면 일러 전쟁의 승패는 그처럼 빨리 판가름 나지 않았을 것이다. 당시 온 국민 모두가 한마음으로 적개심에 고무되어 천황의 군대가 바다와 육지 등 가는 곳마다 싸우면 반드시 승리하였고, 공격받으면 끝까지 응징의 목적을 능히 이루었으니, 일본이 이러한 대승을 얻어 동양 평화의 기초를 확립한 기회를 얻게 된 것은, 김옥균이 상하이에서 머리에 총을 맞아 흘러내린 선혈로 마침내 개전의 도화선이 된 것 또한 의심할 바 없다.

김옥균은 일찍이 조선의 쇠망함을 개탄하며 일본에 의지해 퇴세(頹勢)를 만회하려고, 1884년 동지들과 함께 정변을 일으켰으나 실패하고 말았다. 그리고 일본으로 망명한 후, 정처 없이 떠돈 처량한 삶은 때로는 남도(南島)의 뜨거운 기후와 풍토로 말미암아 열병에 드러눕거나, 혹은 북해(北海)의 차가운 눈보라에 시달리며 역경에 처한 10여 년 내내 자신의 뜻을 한 번도 저버린 적이 없었다. 그리고 1894년 조선 동학당이 봉기하자 낮이고 밤이고 그 동정을 살피고, 그것으로써 풍운지회(風雲之會, 바람과 범이 만나듯이 밝은 임금과 어진 재상이 서로 만남을 이르는 말)를 기다리다, 때마침 대원군의 밀사가 찾아오니 이에 김옥균은 앞으로 크게 행할 바가 있을 것으로 보았다. 이 때 청국 직레(直隷) 총독 이홍장 부자(父子)는 조선의 형세가 점차 급변하는 것을 알아차리고, 생각건대 김옥균이 일본에 있는 것은 마치 호랑이를 들판에 풀어놓은 것과 같으니 온갖 방법으로 척살할 모의를 강구하였다. 그리고 한인 홍종우로 하여금 김옥균을 상하이로 유인하여 죽이게 하고, 더군다나 시체를 군함 조강호(操江號)[28]에 실어 조선에 송치하니, 한국 조정은 이를 효수(梟首)라는 엄한 형벌에 처하게 하였다. 이미 20여 년이나 지나간 일이라고는 하나 그 참상은 세인의 기억에 잊혀진 적이 없었다. 이들 청국과 조선이 국제 관계상 의례를 무시하고 우리 일본의 보호 하에 있던 김옥균에게 가한 포학한 조치는 크게는 우리 일본 국민을 분격하게 하여, 사태분규와 많은 현안의 교섭이 되었다. 이윽고 일청 전쟁을 개시하기에 이르고 말았으니 김옥균의 한 방울 선혈은 감화되고 지사인인(志士仁人, 나라를 잘 다스려 백성을 편하게 할 큰 뜻을 품은 사람)의 뜨거운 피가 되어, 마침내 일청, 일러 양 전쟁의 원동력이 되었던 것이다. 이제는 조선병합이란 대업이 이미 이루어 팔도 인민 모두 화목하고 서로 즐거워하니 우리 천황의 일시동인(一視同仁, 모든 사람을 차별 없이 평등하게 사랑함)의 은택을 입은 이 때, 더욱이 천황이

---

28) 제 4장 김옥균의 망명 및 최후 〈3. 김옥균 시체 처리 문제와 들끓는 국론〉에서는 조강호(操江號)가 아니라 위원호(威遠號)로 되어 있다.

중대한 의식을 받들어 행하는 경사스러운 날을 맞이하여 일찍이 조선개혁이란 대의를 외치며 성패를 떠나 그 의절을 굽히지 않고 마침내 흉악한 칼에 맞아 동양평화를 위해 희생한 고(故) 김옥균의 순수한 충의와 굳은 절개가 세상에 알려지지 않는 것에 어찌 우리 국민들이 참을 수가 있겠는가. 바라건대 정부는 김옥균을 표창하고 그 자손에게 성은이 망극한 은혜를 베푸는 것은 비단 김옥균 한 사람을 위한 것일 뿐만 아니라 새롭게 생긴 나라를 동화시키는 방법으로 중요하다고 확신한다. 우리들은 1915년 5월 오쿠마 내각 총리대신 각하 및 데라우치 조선총독 각하에게 건언(建言)하는 바에 있어 주저함이 없다. 그러므로 때마침 주어진 이 기회에 정부로 하여금 표창 방법을 강구하도록 심의하고 정부와의 교섭할 것을 건의한다.

1916년 1월

▶▶ 김옥균 23회 법회

1916년 3월 28일 오후 2시부터 도쿄시 시바(芝, 현재 미나토구〈港区〉)에 있는 세이쇼지(青松寺)에서 거행한 고(故) 김옥균 23주기 법회는 김 씨 생전의 지인이나 친구 그리고 그를 추모하는 사람들의 발기(發起) 계획과 관련하여, 지금 여기에 발기인 일동의 이름을 남겨 기념한다.

이누가이 쓰요시(犬養毅) 씨 이노우에 가쿠고로(井上角五郎) 씨 이토 긴료(伊藤欽亮) 씨 이시이 신(石井信) 씨 이노우에 게이지로(井上敬次郎) 씨 인토 다네이치(印東胤一) 씨 이다 산지(飯田三治) 씨 하마치 하치로(濱地八郎) 씨 혼다 지카키요(本田親清) 씨 혼조 야스타로(本城安太郎) 씨 도야마 미쓰루(頭山滿) 씨 오자키 유키오(尾崎行雄) 씨 오카자키 구니스케(岡崎邦輔) 씨 오하라 요시타케(大原義剛) 씨 오카다 쇼사쿠(岡田昌作) 씨 오이 겐타로(大井健太郎) 씨 와타나베 하지메(渡辺元) 씨 와다 엔지로(和田延次郎) 씨 와치 시즈오(和智靜雄) 씨 가마타 에이키치(鎌田栄吉) 씨 가토 도키지로(加藤時次郎) 씨 가네코 모토사부로(金子元三郎) 씨 나카무라 다스쿠(中村彌) 씨 무라노 쓰네에몬(村野常右衛門) 씨 무네카타 다다스(宗像政) 씨 우치다 료헤이(内田良平) 씨 구스 도스케(葛生

東介) 씨 야마자키 지엔(山崎知遠) 씨 마토노 한스케(的野半介) 씨 마에카와 도라조(前川虎造) 씨 후리하타 모토타로(降旗元太郎) 씨 후루시마 가즈오(古島一雄) 씨 고부보 기시치(小久保喜七) 씨 오바야시 가쓰타미(小林勝民) 씨 오구라 나오지로(小倉直次郎) 씨 고가네이 곤자부로(小金井權三郎) 씨 고야마 에쓰노스케(小山悅之助) 씨 데라오 도루(寺尾亨) 씨 아사후키 에이지(朝吹英二) 씨 사쿠라이 데쓰조(櫻井轍三) 씨 유키 도라고로(結城寅五郎) 씨 미야케 효조(三宅豹三) 씨 미야자키 도라조(宮崎寅藏) 씨 미쓰나가 호시오(光永星郎) 씨 시바 시로(柴四郎) 씨 신도 기헤이타(進藤喜平太) 씨 모리쿠보 사쿠조(森久保作藏) 씨 스기야마 시게마루(杉山茂丸) 씨 스나가 하지메(須永元) 씨

▶▶ **추선**(追善, 죽은 사람의 명복을 빌며 불사〈佛事〉함)

고균 김옥균 씨
재조선(在朝鮮) 데라자와 스미타마(寺沢肅玉)

아내와 자식을 떠나 버리고 자신 또한 버리니, 평소에 바라던 바가 마침내 먼지가 되어 가련하도다

(棄去妻兒又棄躬 可憐素願遂成塵)

황량한 들판에서 묘를 참배하나 시신은 묻혀 있지 않은데, 폐허된 절에 올린 향만이 미혹한 인연을 조문하네

(荒原拜墓無埋骨 廢寺上香吊迷因)

남긴 칠언절구 시가 애를 끊는 듯한데, 조국의 변한 세태가 이미 넋을 놀라게 했으리라

(七絕遺詩腸若斷 韓鄕世變旣驚神)

이제 그의 위용을 보고 지난날을 한스러워하며, 김 씨의 옛 사진을 벽에 거네

(威容今見當年恨 懸壁金氏舊寫眞)

▶▶ 김옥균 추도법회 유감(有感) –
조난 고쿠보 기시치(城南 小久保喜七)[29]

세상을 경영할 큰 재능(滿腹經綸: 학문을 깊게 닦아 큰일을 할 수
있는 재능)을 펼 곳이 없는데, 먼 곳에서 큰일을 할 몸이 돌연
죽음을 맞이했네

(滿腹經綸無所伸 天涯忽斃有爲身)

추억이 옛 일을 한 번에 다다르게 하니, 나비는 춤추고 휘파
람새는 노래 부르나 봄이 온지 모르는구나

(追懷一到當年事 蝶舞鶯歌不覺春)

---

29) 1865 – 1939 메이지, 쇼와시대 자유민권 운동가, 정치가. 1884년 가바산(加
波山) 사건과 다음 해 오사카(大阪) 사건 그리고 1889년 오쿠마 저격사건
으로 체포되었으나 무죄. 1908년 중의원의원(6선), 1928년 귀족원의원. 호
는 조난(城南).

▶ 김옥균을 기리며 -
나구사 와타나베 하지메(南岬 渡辺元)

바람과 구름은 예나 지금이나 절로 같고, 밝은 달은 경성을
비추네

(風雲自今古 明月照京城)

관을 덮은 후에야 논하고 정하는구나, 천년을 남길 불후한 이
름이여

(論定蓋棺後 千年不朽名)

천하를 다스리던 지난 공적을 생각하니, 조선에 이러한 사람
있었던가

(緬想經綸業 鷄林有此人)

한 방울 피가 흘러 스며들어, 일한(日韓)의 봄으로 다시 태어
나리

(淋漓一滴血 化作日韓春)

▶ 고(故) 김옥균 씨 23년 주기글 맞이하여 −
구스 도스케(葛生東介)

한숨도 메말라버린 한국의 패랭이꽃도 천황의 은덕으로 봄
에 다시 피어났네.

▶ 고(故) 김옥균 씨 23년 주기를 맞이하여 –
사사키 사케이(佐々木茶溪)

흘러내리는 선혈이 마침내 일장기의 붉은 빛으로 나왔는가.

역자
후기

본 역서 『김옥균(金玉均)』民友社(1916)은 1894년 3월 28일 김옥균이 상하이에서 조선인 홍종우에게 암살당한 후, 평소 그가 일본에서 교류하였던 지인들의 회고를 정리한 책이다. 이는 현재 김옥균에 관련된 자료가 거의 전무한 우리에게 있어 역사적 인물 김옥균과 그가 일으킨 갑신정변을 이해하는데 귀중한 학술적 1차 자료일 뿐만 아니라, 한국 근대사를 재정립하는데 있어서도 상당히 의의가 있으리라 생각한다.

사실 김옥균은 주지하다시피 1884년 12월 4일 조선의 자주독립과 부국강병을 위해 박영효, 홍영식, 서광범, 서재필 일행과 함께 갑신정변을 일으킨 인물이다. 그러나 그의 혁명은 3일 천하로 실패하였고, 일본으로 망명한 이후 약 10여 년 동안 일본에서 유배 아닌 유배생활로 심신이 피폐해지는 것은 물론, 때로는 조선에서 보낸 자객에 생명의 위협을 느끼면서도 조선에 대한 그의 애국심은 단 한 번도 사라진 적이 없었다. 그리고 1894년 3월 김옥균은 이홍장을 만나기 위해 상하이로 갔으나, 결국 일본에서부터 같이 동행했던 조선인 홍종우의 총에 의해 암살되고 말았다. 그리고 그의 시체는 조선으로 옮겨져 양화진에서 죽어서도 능지처참을 당하는 수모를 겪는다.

이처럼 김옥균은 갑신정변 실패로 일약 혁명가에서 대역죄를 지은 죄인으로 전락하고 말았고, 더욱이 일제강점기 때는 김옥균을 친일파로 왜곡시킨 결과 현재까지 그에 관한 역사적 평가는 여전히 축소되거나 잘못된 인식으로 남아 있다. 따라서 역자는 본 번역을 통해서 이러한 김옥균에 관한 역사적 평가를 재정립하는데 하나의 객관적 사실을 제공하고, 나아가 19세기 말 조선 내외를 둘러싼 급변하는 정세 속에서 우리 또한 시대에 맞서 주체적으로 나라를 구하려고 한 역사적 영웅들이 있었음을 상기하는 계기가 되었으면 한다.

마지막으로 이번 번역에 도움을 주신 많은 선생님들께 고마움을 전하고 싶다. 사실『김옥균』은 메이지 문장으로 쓰여진 만큼 어렵고 까다로워서 선생님들이 안 도와주셨다면 이 책은 출판되지 않았을 것이다. 그런 까닭에 선생님들의 성함을 일일이 밝히는 것이 도리이나, 저의 어색하고 서툰 번역으로 인해 오히려 누가 될 것 같아 다만 이 자리에서 고마움을 대신하고자 한다. 따라서 본 번역서에 오류가 있다면 전적으로 본인의 책임이며, 동시에 잘못을 지적해 주신다면 고마움 마음과 함께 겸허한 자세로 받아들이고자 한다. 아무쪼록 이번 번역을 통해서 앞으로 김옥균을 연구하시는 많은 분들에게 1차 자료로써 도움이 되길 바랄 뿐이다.

김옥균

색인

구스 도스케(葛生東介) 편저

• 1862−1926, 메이지(明治), 다이쇼(大正)시대의 국가주의자로 야오야기 다카모토(青柳高輌)에게서 국학(国学)을 배움. 『도카이 신문(東海新聞)』주필. 자유민권운동을 지지하고, 조약개정에 반대하며 1889년 외상 오쿠마 시게노부(大隈重信) 습격사건에 연루되었다. 1901년 우치다 료헤이(内田良平)와 함께 흑룡회(黒竜会)를 창립, 나중에 일본국방위회(日本国防義会), 해군협회(海軍協会)를 설립하였다. 구즈 겐타구의 호.

윤상현 역자 약력

• 1970년생. 한국외국어대학 대학원 일어일문학과 석사 졸업.
• 2004년 나고야 대학 국제언어문화연구과 박사과정 수료 후 2009년 한국외국어대학 대학원 일어일문학과에서 일본근대문학으로 박사학위 취득.
• 2011-2014년 〈동아시아문화담론에서 본 김옥균〉으로 가천대학 학술연구교수.
• 현재 한국외국어대학교, 인천대학교, 가천대학교 출강.
• 역서로는 『아쿠타가와 류노스케 전집 1~5』(공저, 제이앤씨, 2009~2014), 『장소론』(공저, 심산출판사, 2011)
• 저서로는 『神이 되고자 했던 바보 아쿠타가와 류노스케』(지식과 교양, 2011) 등

김옥균

초판 인쇄 | 2022년 5월 26일
초판 발행 | 2022년 5월 26일

저 (역) 자 윤상현 역
책 임 편 집 윤수경
발 행 처 도서출판 지식과교양
등 록 번 호 제2010-19호
주   소 서울시 강북구 우이동108-13 힐파크103호
전   화 (02) 900-4520 (대표) / 편집부 (02) 996-0041
팩   스 (02) 996-0043
전 자 우 편 kncbook@hanmail.net

© 윤상현 2022 All rights reserved. Printed in KOREA

ISBN 978-89-6764-183-2 93910   정가 17,000원